Thomas Berger

Die Berufsgenese am Beispiel von Hybridberufen

Eine Empfehlung für die zukünftige Berufsgeneseforschung

Bachelor + Master
Publishing

Berger, Thomas: Die Berufsgenese am Beispiel von Hybridberufen: Eine Empfehlung für die zukünftige Berufsgeneseforschung, Hamburg, Bachelor + Master Publishing 2013

Originaltitel der Abschlussarbeit: Die Berufsgenese am Beispiel von Hybridberufen: Die Herausforderungen der Berufsgeneseforschung, am Beispiel der Berufsausbildung zum Mechatroniker/-in

Buch-ISBN: 978-3-95549-253-3
PDF-eBook-ISBN: 978-3-95549-753-8
Druck/Herstellung: Bachelor + Master Publishing, Hamburg, 2013
Zugl. Helmut Schmidt Universität · Universität der Bundeswehr Hamburg, Hamburg, Deutschland, Bachelorarbeit, April 2010

Bibliografische Information der Deutschen Nationalbibliothek:
Die Deutsche Nationalbibliothek verzeichnet diese Publikation in der Deutschen Nationalbibliografie; detaillierte bibliografische Daten sind im Internet über http://dnb.d-nb.de abrufbar.

© Bachelor + Master Publishing, Imprint der Diplomica Verlag GmbH
Hermannstal 119k, 22119 Hamburg
http://www.diplomica-verlag.de, Hamburg 2013
Printed in Germany

Überblick

Der Begriff des Berufes und dessen heutige Bedeutung sind aufgrund seiner mannigfaltigen Ausprägungen nur unklar definiert. Deshalb fällt es der Forschung oft schwer Fragen zur Genese von Berufen sowie dem Verschwinden von Berufen zu beantworten. Gerade die Berufs- und Innovationsforschung hat mit dieser Tatsache zu kämpfen. Dies wird im Kapitel 2 aufgezeigt, indem alle wesentlichen Begrifflichkeiten im Umfeld der Berufsgenese erläutert werden. Es werden die Auswirkungen dieser begrifflichen Unklarheiten auf das Forschungsfeld der Berufsforschung dargestellt.

Dennoch gelang es in den vergangenen Jahren auf die wechselnden Bedingungen und die Forderungen der einzelnen Akteure einzugehen und es konnten in Bezug auf die erfolgreiche Entwicklung von Berufen Erfolge verzeichnet werden. Im Kapitel 3 wird die Berufsgenese kurz und allgemein aufgezeigt und erläutert. Dazu sollen die einzelnen Schritte, sowie die Akteure, die an der Berufsgenese beteiligt sind, aufgezeigt werden.

Darauf folgend soll der Hybridberuf definiert werden, um auf Basis der Definition im Kapitel 5 die erfolgreiche Umsetzung von Innovationen am Beispiel des Mechatronikers aufzuzeigen. Dabei wird auch auf Probleme bei der Konzeption eingegangen. Es wird beschrieben wie und warum der Beruf entstand und aus welchen Berufen er sich zusammensetzt. Die Vor- und Nachteileteile eines neuen Berufsbildes werden anhand dieses Beispiels verdeutlicht.

Im Kapitel 6 wird der Versuch unternommen auf Basis der gewonnen Erkenntnisse eine Empfehlung für die zukünftige Berufsforschung abzuleiten.

Inhaltsverzeichnis

1.0 Einleitung

Die Welt und die Art sie zu begreifen ändert sich. Diese Aussage gilt nicht nur im Zeitalter der Globalisierung, sondern lässt sich sozioökonomisch vielmehr als ein laufender und immer während Prozess verstehen, der die Menschheit von jeher begleitet hat. Durch Fortschritt in Technik und Wissen, veränderten sich Zielvorstellungen, die Umweltbedingungen sowie die Gesellschaft im Verlauf der Jahrhunderte. Der Mensch war und ist in der heutigen Welt, welche sich immer rasender zu entwickeln scheint, noch viel mehr dazu gezwungen Strategien zu finden, um diesem Wandel zu begegnen. (vgl. Berger 2008, S. 1) Dies gilt auch für das Phänomen Beruf, welches im 20. Jahrhundert ebenso von der Dynamik der Lebensverhältnisse betroffen ist. Noch etwa bis zu Beginn des 19. Jahrhunderts war die gesellschaftliche Einbindung der Menschen, und somit auch deren Erwerbstätigkeit, an wohldefinierten Standesebenen orientiert. Dies änderte sich im Zuge der Industrialisierung und der Herausbildung einer bürgerlich-egalitären Gesellschaft. Die aufkommende Gewerbefreiheit und das Verblassen von gruppenspezifischen Verordnungen zugunsten einer individuellen Berufsrolle, entwickelten sich zum elementaren Fundament gesellschaftlicher Existenz. (vgl. Dostal 2006, S. 1)

Tatsächlich hatte der Beruf in der sich öffnenden Gesellschaft „[...] die Rolle eines Stabilitätsankers übernommen" (Dostal 2006, S. 21) und es herrschte bisher das gesellschaftliche Bewusstsein vor, dass eine solide Berufsausbildung den eigenen Lebensstandard sichert. Dabei betrachtete man den Beruf in der Regel als eine tradierte und allgemein anerkannte Qualifikation, die als Garant für individuelles Fachwissen und häufig auch für eine Arbeitsplatzgarantie stand. Diese angedeutete Stabilität und der Beruf, als Ideal der gesellschaftlichen Sozialisation, scheinen jedoch aus heutiger Sicht massiv bedroht zu sein. Der angedeutete schnelle Wandel von gesellschaftlichen, politischen und wirtschaftlichen Rahmenbedingungen, sowie die enormen technologischen Fortschritte, machen auch vor dem Beruf nicht halt. Deutschland befindet sich seit Jahrzehnten in einem umfassenden Strukturwandel. Innerhalb des stark wachsenden Dienstleistungssektors (Tertiärisierung) expandieren die wissens- und forschungsintensiven Bereiche stärker als andere Sektoren (vgl. Frietsch/Gehrke 2007, S. 82). Auch der industrielle Sektor tertiärisiert, indem produktionsorientierte Dienstleistungstätigkeiten in Forschung und Entwicklung, Organisation und Planung, Werbung und Design, Informationsverarbeitung und Finanzen entstehen (vgl. Häußermann/Siebel 1995, S.29). Dieser Strukturwandel in Richtung Wissensgesellschaft hatte zwischen 1984 und 2000 zu einer Aufwertung der Berufsstruktur, d.h. höheren Qualifikationsanforderungen am Arbeitsplatz geführt. (vgl. Hall 2007, S. 1)

„Im Zuge einer neuen Dynamik in der Arbeitswelt und einer Qualifikationsdiskussion, die eher extrafunktionale als überkommene funktionale Inhalte in den Mittelpunkt stellt, steht der traditionelle Berufsbegriff in der Kritik." (Baethge/Baethge-Kinsky 1998, S. 463) Er sei nicht mehr sinnvoll und zu starr, um im schnellen Wandel zu bestehen und könne den gestiegenen Anforderungen und den Nachfragen der Berufspraxis nicht standhalten. Man wirft dem traditionellen Beruf vor, dass er zu eng und zu beschränkt ist, um das heutige umfassende Aufgaben- und Tätigkeitsverständnis in Gänze erfassen zu können. (vgl. Baethge/Baethge-Kinsky 1998, S. 462ff.)

Diese Entwicklung und die daraus resultierenden Folgen sind Grundlage für die Thematik und den Inhalt der vorliegenden Arbeit.

1.1 Thematik

Die Berufsbildung steht seit jeher im Spannungsfeld zwischen Bildungs- und Beschäftigungssystem. Auf die Auswirkungen beider Systeme auf die Berufsbildung, sowie deren Überschneidungsbereiche in berufsbezogenen Lehr- und Lernortprozessen, verweist bereits die Definition von Berufsbildung. Laut Berufsbildungsgesetz (1969) und dessen Novellierung durch das Berufsbildungsreformgesetz von 2005, ist die Berufsbildung normiert als Oberbegriff für die Berufsausbildungsvorbereitung, die Berufsausbildung im dualen System, für die berufliche Fortbildung, sowie die berufliche Umschulung. Als ihr grundlegendes Merkmal wird die Verbindung zwischen den Referenzpunkten Bildung und Beruf bestimmt. (vgl. Kaiser/Pätzold 2006, S. 113) Ebenso lässt sich anhand der vorliegenden Definition die Vielzahl von Akteuren und Faktoren spezifizieren, die direkten sowie indirekten Einfluss auf die Berufsbildung haben. Nicht nur die Vorgaben von Bildungs- und EU Politik, sondern auch die Ansprüche von Wirtschaft und Ökonomie, spielen bei der Ausgestaltung der Berufsbildung eine entscheidende Rolle. Hinzu kommen Fragen und Schwierigkeiten im Umgang mit Benachteiligten und vieles mehr. Im Kontext der zuvor beschriebenen neuen Anforderungen am Arbeitsmarkt, welche sich immer wieder verändern, wird ersichtlich, dass die Berufsbildung einem zunehmenden Neuerungs- und Innovationsdruck unterliegt, der durch die Masse der mitwirkenden

Akteure und der zu berücksichtigenden Umstände verschiedenster Felder zusätzlich erschwert wird.

Verlangt wurde und wird nach neuen Curricula und Ausbildungssystemen, welche Kompetenzen, Bildung und Fachwissen vermitteln, die den neuen Anforderungen der Arbeitswelt gewachsen sind. Eine der vielen Möglichkeiten zur Lösung der aufgeworfenen Problematik ist das Generieren von Hybridberufen. Diese fassen die Arbeitsaufgaben, von mindestens zwei ehemals eigenständigen Berufen zu einem einzigen neuen Beruf zusammen. (vgl. Dostal/Stooß 1998, S. 443 ff) Der erste Hybridberuf entstand bereits im Jahre 1998. Das aufgetretene Phänomen der Hybridberufe und die maßgeblichen Motive für deren Genese sollen im Folgenden ausführlich diskutiert werden.

1.2 Ziel und Fragestellung der Arbeit

Zentrales Element der vorliegenden Arbeit sind die Gründe für die Entstehung von Hybridberufen.

Der Autor möchte aber zunächst der Frage nachgehen, wie neue Berufe entstehen und welche Akteure an der Generierung von neuen Ausbildungsberufen beteiligt sind. Dabei soll auch auf die Probleme und Schwierigkeiten der Berufsgeneseforschung in Bezug auf die Früherkennung von Qualifikationsforderungen des Arbeitsmarktes eingegangen werden.

Die Untersuchung hat jedoch im Schwerpunkt das Ziel die qualitativen Veränderungen sowie die neu entstandenen Chancen für die Berufsbildung aufzuzeigen, die durch die erfolgreiche Genese von Hybridberufen entstanden sind. Dabei soll zusätzlich anhand eines Beispiels auf Probleme und Schwierigkeiten der Berufsgenese eingegangen werden. Auf Basis, der während der Untersuchung gewonnen Erkenntnisse, soll eine allgemein gehaltene Empfehlung für die zukünftige Berufsgeneseforschung abgeleitet werden.

1.3 Aufbau

Der vorliegende Untersuchungsgegenstand erfordert zunächst ein ausreichendes theoretisches Verständnis. Aus diesem Grund soll vor dem Einstieg in die Thematik ein theoretischer Zugang geschaffen werden, indem alle wichtigen Begriffe im Umfeld der Genese von Berufen ausreichend definiert werden. Im Anschluss darauf sollen die Gründe für die Entstehung von Berufen aufgezeigt werden. Dabei wird auf die beteiligten Akteure, die einzelnen Schritte bei der Berufsgenese und die damit zusammenhängenden Probleme eingegangen werden. Besonderes Augenmerk gilt dabei den Veränderungen in der Qualifikations- und Tätigkeitsstruktur am Arbeitsmarkt.

Im Kapitel 4 soll die Genese von Hybridberufen anhand der bereits etablierten Berufsausbildung zum Mechatroniker/ zur Mechatronikerin erläutert werden. Dies dient als Grundlage um die im Anschluss aufgeführten Vorteile für die berufliche Praxis, welche durch den Hybridberuf bedingt werden, zu verdeutlichen. Deshalb wird die Begrifflichkeit des Hybridberufes zunächst ausführlich definiert, damit eine Abgrenzung zu herkömmlichen Ausbildungsberufen ermöglicht wird. Im Anschluss darauf, wird auf die qualitativen Veränderungen und die neuen Möglichkeiten durch die Ausbildung zum Mechatroniker, sowie dessen Lernfeldkonzeption, eingegangen.

Die bis dahin gewonnen Erkenntnisse sollen dann zunächst kurz zusammengefasst werden, um wie bereits erwähnt, aus den Ergebnissen eine allgemein gehaltene Empfehlung für die zukünftige Berufsgeneseforschung abzuleiten.

2.0 Theoretischer Zugang zur Thematik

Der Zugang zur Thematik gestaltet sich äußerst komplex. Die Berufsgenese als solches kann nur klar definiert werden, wenn man den Zugang zur Thematik über die Begriffe im Umfelde der Berufsgenese sucht. Die klare Abgrenzung dessen, was unter dem Begriff „Beruf" und allen anderen wesentlichen Faktoren im Umfeld seiner Genese verstanden werden kann, ist unumgänglich. Die wesentliche Problematik ist, dass selbst die Berufsforschung in vielen Fällen keine klaren Definitionen anbieten kann. (vgl. Dostal 2006, S. 6) Die in diesem Kapitel folgende Untersuchung soll auf die Schwierigkeiten verweisen, die durch die Unklarheiten der Begrifflichkeiten verursacht werden.

2.1 Begriffe im Umfeld der Berufsgenese

Im Folgenden unternimmt der Autor den Versuch, alle wesentlichen Begrifflichkeiten zu definieren, die zum Verständnis der vorliegenden Thematik nötig sind. Zunächst ist es erforderlich, das Phänomen Beruf näher zu erläutern. Bereits der anschließende Abschnitt zur Begrifflichkeit des Berufes wird auf die aufgeworfene Problematik verweisen.

2.1.1 Beruf

Der Begriff des Berufes wird in der Wissenschaft weiterhin sehr unterschiedlich definiert und genutzt. Eine weitestgehend kompakte und einheitliche Definition des Phänomens Beruf existiert bis heute nicht. Vielmehr wird der Berufsbegriff, je nach Ziel und Verwendungszweck der Analysen, anhand ausgewählter Dimensionen explorativ beschrieben. Eine Vollständigkeit der tatsächlichen Dimensionen wird dabei jedoch nie erreicht. (vgl. Dostal 2006, S. 7)

Dies ist vor allem mit der historischen Entwicklung des Berufes zu begründen. Durch die Industrialisierung und die damit verbundenen Veränderungen der Anforderungen an Arbeitskräfte, verloren die bisherigen berufsständischen Kooperationen zunehmend an Einfluss. Die unmittelbare Folge davon war, dass es dem einzelnen Individuum immer mehr möglich war, Berufe auch außerhalb von Zünften und berufsständischen Verbindungen frei zu wählen und zu erlernen. Es bildeten sich immer mehr neue Berufe innerhalb der Industrie und die traditionell handwerklichen

Berufe verloren an Bedeutung. Aus diesem Grund entstanden immer größere Tendenzen, die Ausbildungsberufe durch den Staat zu institutionalisieren und zu standardisieren. (vgl. Beck/Brater/Daheim 1980, S. 19) Damit verbunden kam es zu einer immer stärkeren Auflösung der bis dahin im Handwerk üblichen klassischen Einheit von Produktionsprozess, Produkt, Produktionsmittel und Ausbildung. Dies meint, dass sich der Zusammenhang von tatsächlicher Tätigkeit und Fähigkeit immer mehr wandelte. Beck, Brater und Daheim führen in diesem Zusammenhang an, dass ein Schlosser nur noch ein groß skizziertes Tätigkeitsfeld hat auf dem er sich aufgrund seiner Qualifikation auswirkt und auch nicht zwingend in einer Schlosserei arbeiten muss. (vgl. Beck/Brater/Daheim 1980, S. 16)

Dies ist die spezifische Ursache, die den Beruf als Phänomen immer schwerer erfassbar gemacht hat. Eine pragmatische Lösung zur Frage nach dem Beruf bieten z.B. Ulrich und Lahner an. [...] „Taucht die Frage nach der Definition des Begriffes „Beruf" auf, die man tunlichst umgehen sollte, um endlose Erörterungen, die dem Leser nicht helfen, zu vermeiden, ist es zweckmäßig einen pragmatischen Weg der Erörterung einzuschlagen." (Ulrich/Lahner 1970, S. 34) Dem Pragmatiker genügen laut Ulrich und Lahner folgende Berufsbestimmungen:

1. Der wirtschaftliche Aspekt: Berufstätigkeit dient dem Lebensunterhalt
2. Aufgabe und Ergebnis der Berufstätigkeit sind abgrenzbar.
3. Die Kombination der Elemente ist harmonisch („Blumenstrauß-Aspekt)

(Ulrich/Lahner 1970, S. 34)

Hier werden also eher Elemente differenzierter Berufsinformation – verbildlicht am Beispiel des Blumenstraußes - zur Begriffsbestimmung verwendet, anstatt die Begrifflichkeit als Ganzes zu erfassen. [...] „Diese pragmatische Haltung hat die Arbeit der Berufsforschung über lange Zeit geprägt." (Dostal 2006, S. 12) Dabei bleibt jedoch der Berufsbegriff als ganzheitliches Phänomen im Raum stehen, was nach Dostal unmittelbare Folgen für Forschungsfelder wie die Berufsforschung hat. (vgl. Dostal 2006, S 27) Auch Beck, Brater und Daheim gelingt es die Begrifflichkeit des Berufes nur weiträumig zu umschreiben. Sie definieren den Beruf als [...] „ relativ tätigkeitsunabhängige, gleichwohl tätigkeitsbezogene Zusammensetzung und Abgrenzung von spezialisierten und institutionell fixierten Mustern von Arbeitskraft, die u.a. als Ware am Arbeitsmarkt gehandelt und gegen Bezahlung in fremdbestimmten, kooperativ-betrieblich organisierten Arbeits- und Produktionszusammenhängen eingesetzt werden." (Beck/Brater/Daheim 1980, S. 20)

Es scheint, als wäre es bisher nicht gelungen den Kern des Berufsbegriffes zu spezifizieren. Aus diesem Grund fällt es der Forschung oft schwer Fragen zur Genese von Berufen, sowie dem Verschwinden von Berufen, zu beantworten. Gerade die Berufs- und Innovationsforschung hat mit dieser Tatsache zu kämpfen. Betrachtet man die Vieldimensionalität des Berufsbegriffs innerhalb von Organisationen und dessen komplexe Einbettung in das Gesamtsystem wird diese Schwierigkeit zusätzlich verdeutlicht.

Abbildung 1.:   **Die Vieldimensionalität von Beruf**

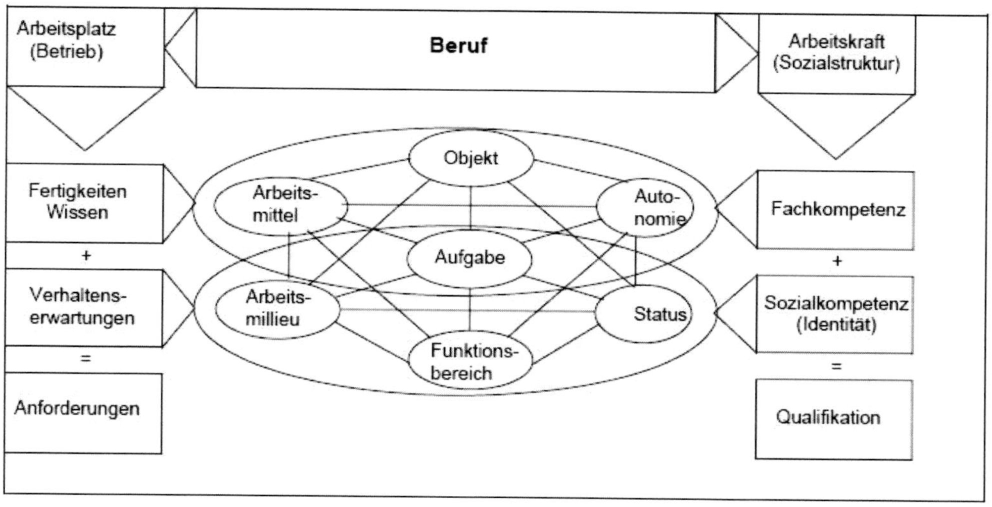

(Entnommen bei: Dostal/Stooß/Troll 1998, S.440)

Die komplexe Vernetzung und Mehrdimensionalität des Berufs, seine historische Bedeutung sowie die ständige Anpassungsnotwendigkeit an erwerbsbezogene und gesellschaftliche Veränderungen, machen es fast unmöglich eine allgemein gültige und aussagekräftige Definition des Berufsbegriffs zu formulieren. Es bleibt aber festzuhalten, dass man eine entscheidende Dimension von Beruf […] „in den Vollzügen am Arbeitsplatz" (Henninges 1976, S. 6) sieht, wie die Abbildung 1. verdeutlicht.

2.1.2 Berufsgeneseforschung als Teildisziplin der Berufsforschung

Das Aufgabenfeld der Berufsforschung ist sehr umfangreich. Die mannigfaltigen Ausprägungen des Berufsforschungsbegriffs können in der vorliegenden Arbeit nicht vollständig erfasst werden. Der Autor bezieht sich deshalb auf die für die Thematik relevanten Punkte der Berufsforschung (die Berufsgeneseforschung) und stützt sich dabei auf die bereits dargestellten Vorüberlegungen. Im nachstehenden Definitionsversuch wird es deshalb vorrangig darum gehen die Schwerpunkte und Aufgaben der Berufsforschung bezüglich der Berufsgenese darzustellen und abzugrenzen.

Der Begriff der Berufsforschung umfasst als Dimension zwei wesentliche Konstrukte. Dies sind zum einen der Beruf und zum anderen die Forschung. Da bereits festgestellt wurde, dass der Berufsbegriff vielschichtig, mehrdeutig und umstritten ist, (vgl. Rauner 2006, S. 105) soll im Folgenden zuerst die Forschung als Begrifflichkeit fokussiert werden, um den Auftrag und Sinn der Berufsforschung besser erfassen zu können.

Unter Forschung versteht man im Allgemeinen die theoretisch-begrifflich abgeleitete und methodisch kontrollierte Erzeugung von Wissen. Darüber hinaus wird sie als die methodische Suche nach neuen Erkenntnissen sowie deren systematische Dokumentation und Veröffentlichung in Form von wissenschaftlichen Arbeiten definiert. Man unterscheidet hier die Grundlagenforschung, welche das Wissen für die angewandte Forschung liefert und die angewandte Forschung, die unter anderem als Impulsgeber für die Grundlagenforschung dient. (vgl. Hamburger 2005, S. 35ff) [...] „Der wissenschaftliche Erkenntnisgrad nimmt von der Grundlagenforschung zur angewandten Forschung hin ab. Der Konkretisierungsgrad sowie der Praxisbezug nehmen hingegen weiter zu. Diese Trends verstärken sich in dem der Forschung nachgelagerten Prozess der Entwicklung, die ihr Wissen aus der angewandten Forschung bezieht." (Hamburger 2005, S. 37)

Bezieht man zur Definition von Berufsforschung zusätzlich die vorangestellte Definition des Berufs mit ein, wird deutlich, dass die Mannigfaltigkeit des Berufsbegriffs eine monodisziplinäre Interpretation nicht zulässt. (vgl. Rauner 2006, S. 107) Zusätzlich wird die Berufsforschung eingerahmt durch die Berufsbildungsforschung und die Berufs- und Arbeitsmarktforschung. [...] „Da beide Seiten über erhebliche Forschungskapazitäten verfügen, wird die Berufsforschung, die nur marginal ausgestattet ist, oft eingeklemmt und steht dabei in der Gefahr, von anderen Forschungsbereichen vereinnahmt zu werden. Dies erfolgt vor allem durch die Berufs-bildungsforschung, die sich traditionell mit Beruf und vor allem beruflichen Kompe-tenzen befasst." (Rauner 2006, S. 107) Vor allem die universitäre Forschung zeigte, dass der Berufsforschung vor diesem Hintergrund keine spezifische Position – weder in der Berufspädagogik noch in der Arbeitswissenschaft – zugewiesen wer-den konnte. Deshalb befasst sich die Berufsforschung mit spezifisch ausgerichteten Themengebieten die Schwerpunktmäßig von Institutionen wie dem IAB, dem BIBB oder anderen Instituten aus dem Bereich der Bildungs-, Arbeits-, und Innovations-forschung vorgegeben werden. (vgl. Rauner 2006, S. 108) Dabei kommt ihr allge-mein betrachtet vor allem die Aufgabe zu, die vielfältige Berufslandschaft zu struktu-rieren und transparent zu machen. (vgl. Rauner 109) Ein zentraler Schwerpunkt der Berufsforschung ist dabei die Untersuchung der berufsförmig organisierten Arbeit mit dem Ziel, [...] „ hieraus gewonnene Erkenntnisse für die Gestaltung von Berufs-bildern, Curricula und beruflichen Lernens zu nutzen."(Howe/Spöttl 2008, S. 24)

Bezüglich der Berufsgenese kommt der Berufsforschung vor allem die Aufgabe zu die angesprochene Berufsdynamik zu erfassen und auszuwerten. Der wichtige Zweig der Berufsforschung - die Berufsgeneseforschung - beschäftigt sich mit der Analyse der Entstehung von Berufen. Durch sie werden die Veränderungen von Anforderungen und der Bedarf an neuen Berufen und Kompetenzbildern erfasst, strukturiert und die jeweiligen Auslösefaktoren ermittelt. Die gewonnenen For-schungsergebnisse dienen Institutionen wie dem BIBB und den entsprechenden politischen Instanzen dazu, auf Forderungen des Arbeitsmarktes einzugehen und wenn nötig neue Berufe zu generieren. (vgl. Rauner 2006, S109)

In diesem Zusammenhang muss darauf verwiesen werden, dass die angesproche-nen Veränderungen in der Facharbeit und den renommierten Berufsbildern in der Praxis eher kontinuierlich ablaufen. [...] „Es kann daher nicht ausreichen, punktuelle Untersuchungen vorzunehmen. Vielmehr sind Strukturuntersuchungen und Entwick-lungsverläufe bei der Berufsgeneseforschung mit einzubeziehen."(Howe/Spöttl 2008, S. 26) Zur Feststellung der realen Berufsinhalte und Änderungen wird dabei vornehmlich das Instrumentarium der Arbeitsplatzanalyse (Tätigkeitsanalyse) ver-wandt. (vgl. Fenger 1968, S. 327)

Der Schwerpunk von Berufsforschung lässt sich demnach in Bezug auf die vorlie-gende Thematik wie folgt zusammenfassen: Die Berufsforschung erfolgt im Regel-fall auftragsgebunden und verfolgt das Ziel, die charakteristischen Aufgaben und die in diesen inkorporierten Qualifikationsanforderungen von Berufen zu identifizieren, um auf dieser Grundlage Anstöße für die auf dem Arbeitsmarkt benötigten Veränderungen und Neuerungen geben zu können. Die größte Herausforderung ist in diesem Zusammenhang die Erfassung und Identifizierung von tatsächlich benötigten Fähigkeiten in einem oft unklar definierten Berufsfeld. Bei der Analyse und Systematisierung von Aufgaben, Tätigkeiten, Neuerungen und Arbeitsmitteln, bedient sie sich sowohl qualitativer als auch quantitativer Forschungsmethoden um die veränderten Arbeitsmarkt- und Qualifikationsanforderungen zu erfassen und deren Folgen abzuschätzen. (vgl. Howe/Spöttl 2008, S. 35, sowie Rauner 2006, S. 111)

In diesen Zusammenhang muss auch die Professionalisierungsforschung genannt werden. Diese untersucht Aspekte bei der Verschiebung von Aufgaben und Tätigkeiten in die professionelle Sphäre, die vormals außerhalb von Berufen geleisteter wurden. Sie befasst sich somit direkt mit der Entstehung von neuen erwerbsbezogenen Berufen. (vgl. Rauner 2006, S. 112)

2.1.3 Professionalisierung

Im Gegensatz zum Berufsbegriff wurde der Begriff der Profession in der Wissenschaft viel ausführlicher behandelt. Professionen werden heute oft mit wissensbasierenden Berufen gleichgesetzt, […] „sodass die Professionalisierung im Rahmen der Informatisierung abläuft. Der Professionalisierungsbegriff wird somit eher gesehen als die Genese von anspruchsvollen Berufen, die aber nicht auf vergleichbare Vorbilder zurückblicken." (Dostal 2006, S. 11) In der Berufsforschung wird der Begriff der Professionalisierung somit prinzipiell als das Entstehen neuer Berufe und deren weitere Entwicklung verstanden. So wird in verschiedensten Veröffentlichungen statt des Begriffs der Berufsgenese der Begriff der Professionalisierung verwendet, während unter Deprofessionalisierung das Verschwinden vormaliger Berufe verstanden wird. (vgl. Dostal 2006, S. 10 ff.) Rauner betrachtet die Begrifflichkeit der Professionalisierung etwas differenzierter und schließt in deren Definition auch die Anreicherung von Berufen durch Tätigkeitsfelder und Arbeiten, die bisher außerhalb des beruflichen Bereiches geleistet worden sind, mit ein. Aus Sicht der Berufsgenese kann die Professionalisierung bzw. Deprofessionalisierung als ein Teilprozess der Berufsgenese verstanden werden, der allerdings nur spezielle Berufe betrifft und auch nur bestimmte Phasen der Berufsgenese abdeckt.

2.1.4 Innovationsforschung

Unter dem Begriff der berufsbildungsrelevanten Innovation versteht man pragmatisch betrachtet eine Neuerung, die es bisher an einem bestimmten Ort des Systems oder des Praxisfeldes nicht gibt. Diese Neuerung kann ein neuer Beruf, eine neue didaktische Methode, eine zukunftsweisende Weiterbildungsstruktur oder ein neuartiger Bildungsdienstleister sein. Daraus lässt sich ableiten, dass sich die Innovationsforschung auf allen Ebenen (Mikro-, Meso- und Metaebene) der Berufsbildung bezieht. Dabei muss die Innovation nicht originär sein und darf durchaus in einem anderen Bereich existent sein. (vgl. Lauer-Ernst 2006, S 82) Sie muss lediglich [...] „für den aktuellen Ort zum definierten Zeitpunkt eine Veränderung darstellen, die von den Beteiligten als aussichtsreich erlebt wird. (Lauer-Ernst 2006, S 82) In der Förderlandschaft der Berufsbildung ist die Singularität einer Innovation keinesfalls erwünscht. Vielmehr geht es darum, transferierbare und breit implementierbare Lösungsansätze zu generieren. Innovationen sollten vor allem praktizierbar und in die Realität übertragbar sein und dort nachweisbar positiv wirken.

Die Innovationsforschung wird in der beruflichen Bildung zumeist von Bund und Ländern oder konkreten Interessenverbänden wie zum Beispiel Gewerkschaften und Arbeitgeberverbänden ins Leben gerufen. (vgl. Severing 2005, S. 5) Dies verweist auf ein hohes Konfliktpotential, der Innovationsforschung. Widerstreitende politische Positionen, sowie die häufig sehr heterogenen Untersuchungsfelder und die divergierenden Interessen aller Beteiligten bestimmen das innovative Handeln und den Forschungsprozess mit. Die Innovationsprozesse vollziehen sich [...] „in mehreren Phasen von der Konzeption über die Entwicklung bis hin zur Verankerung des Neuen in der Alltagspraxis."(Lauer-Ernst 2006, S 82) Vor allem der Modellversuchsforschung kann in diesem Zusammenhang besondere Bedeutung zugeschrieben werden. (Sloane/Twardy 1990, S. 26) Leider werden die Ergebnisse der Innovationsforschung nicht selten und ganz gegen das oben dargestellte Wunschdenken viel zu oft als singuläre Ereignisse behandelt und ein breiter Transfer findet allzu oft nicht statt. (vgl. Lauer-Ernst 2006, S 82) Dennoch liefert die Innovationsforschung viele berufskundliche Erkenntnisse, die verdichtet und systematisiert betrachtet von der Berufsgeneseforschung bewertet und verwendet werden können. Die Innovationsforschung kann vor diesem Hintergrund und in Bezug auf die Genese von Berufen als wichtiger Informationsträger verstanden werden, welchem die Berufsgeneseforschung wichtige Erkenntnisse verdankt. Die Innovationsforschung ist dabei ein Forschungsstrang, der vor allem die Nahtstelle zur beruflichen Tätigkeit untersucht. (vgl. Lahner/Ulrich 1996, S. 417)

2.2 Berufswandel aus Sicht der Innovations- und Berufsforschung

Im Rahmen der Berufsgeneseforschung bezog sich ein anderer Forschungsstrang der Innovationsforschung auf die Betrachtung der Berufslandschaft, in der das Aussterben bisheriger Berufe und das Aufkommen neuer Berufe, mit Blick auf die Gesamtheit der Berufe betrachtet und nachgewiesen werden sollte. Der Versuch hatte zum Ziel, den Berufswandel längerfristig zu prognostizieren. Es wurde angenommen, dass die Entstehung von neuen Berufen bei vollständiger Kenntnis des Innovationsprozesses frühzeitig vorausgesagt werden könne. Es zeigte sich jedoch, dass die Unschärfe des Berufsbegriffs auch die Erfassung des „Neuen" deutlich erschwerte. (vgl. Dostal 2006, S. 13) Wegen der mangelnden Starrheit der Ursprungsphänomene waren Berufsentwicklungsprognosen mit dem geforderten Horizont von möglichst einem ganzen Erwerbsleben schlichtweg nicht möglich. Die Berufsforschung wird aufgrund der bereits aufgezeigten Problematik auch zukünftig nicht in der Lage sein die Forderung nach ganzheitlichen und präzisen Berufsentwicklungsprognosen über einen Zeitraum von 40 bis 50 Jahren zu leisten. (vgl. Rauner 2006, S. 111) Es hat sich darüber hinaus gezeigt, dass sich auch die traditionellen und seit langem bestehenden Berufe […] „implizit verändern und dass sich sehr komplexe Verschiebungen in der Bedeutung und Bewertung einzelner Komponenten von Berufen und zwischen Berufen" (Dostal 2006, S.14) abspielen. Berufliche Flexibilität in der Praxis verdeckt die zunächst häufig marginal anmutenden Prozesse der Berufsentstehung. Die Früherkennung von Qualifikationsforderungen des Arbeitsmarktes gestaltet sich bis heute schwierig, denn es konnte festgestellt werden, dass eine flexibel strukturierte Erwerbstätigkeit und eine weiche Berufsgliederung den Prozess der Berufsgenese umso schwerer erkennbar macht. (vgl. Dostal 2006, S. 15) Die Innovations- und auch Berufsforschung stand in diesem Zusammenhang bereits vor großen Problemen, die in vielen Fällen dennoch überwunden werden konnten, wie die folgenden Kapitel aufzeigen werden.

3.0 Berufsgenese

Nachdem ein ausreichendes theoretisches Verständnis der Thematik erzeugt wurde, soll im Folgenden die Berufsgenese näher beleuchtet werden, bevor auf die Thematik des Hybridberufes eingegangen wird. Dazu sollen die einzelnen Schritte, sowie die Akteure, die bei der Berufsforschung beteiligt sind aufgezeigt werden, um im anschließenden Kapitel die erfolgreiche Entwicklung und Umsetzung eines Hybridberufes zu erläutern. Zunächst sollen jedoch die Auslösefaktoren für die Entstehung von neuen Berufen ausführlich skizziert werden.

3.1   Gründe für die Entstehung von Berufen

Veränderungen in der Qualifikations- und Tätigkeitsstruktur, neue Formen der Arbeitsorganisation und wachsende Anforderungen an das Wissen und dessen abnehmende Halbwertszeit bedeuten für viele Erwerbstätige, dass sie immer wieder neue Aufgaben bewältigen müssen. So kommt es auch, dass[...] „ in der Dynamik der technischen Entwicklungen ferner manche Berufe einen grundlegenden Wandel in ihrem Tätigkeitsinhalt, dem die tradierten Berufsbezeichnungen nur unvollständig Rechnung tragen.“(Schuster 1969, S. 11) Die neu entstehenden und innovativen Berufe, die diesen veränderten Qualifikationsanforderungen gerecht werden müssen, entstehen deshalb nicht zufällig. Ihre Genese hängt aber, wie die weitere Untersuchung zeigen wird, nicht nur vom technischen Fortschritt ab, sondern wird vielmehr durch verschiedenste Auslösefaktoren bedingt. Im Wesentlichen lassen sich nach Dostal drei wesentliche Auslösefaktoren spezifizieren:

- Innovationen technischer Art
- Innovationen gesellschaftlicher/organisatorischer Art
- Innovationen administrativer Art

(vgl. Dostal 2006, S. 22)

Diese werden vom Autor nachfolgend ausführlich erläutert. Es sei bereits an dieser Stelle angemerkt, dass es kaum möglich ist monokausale Auslösefaktoren für die Berufsgenese zu finden. Meistens sind die Auslösefaktoren miteinander verzahnt und es bestehen enorme Schwierigkeiten diesen Auslösefaktoren genaue Gewichtungen zuzuschreiben. Die Wirkungskette, die sich zwischen den Auslöser und

Folgen der Neuentstehung eines Berufes aufspannt, ist daher kaum eindeutig zu erkennen. (vgl. Dostal 2006, S. 25)

3.1.1 Technische Innovationen

Es liegt auf der Hand, dass Berufe durch technische Neuerungen massiv beeinflusst werden. Dass diese sogar Grund für die Neuentstehung von Berufen sein können, zeigte bereits die im 18. Jahrhundert begonnene industrielle und technische Revolution. Zu den traditionellen Handwerksberufen gesellten sich eine Vielzahl von neuen Berufen im Verkehrswesen, Kraftfahrzeugbau, bei der Eisenbahn und natürlich vor allem in den industriellen Fertigungsberufen. Wenn man die neuerdings entstandenen Berufe in der Elektro- und Informationstechnik betrachtet, setzt sich dieser Prozess aus heutiger Sicht immer weiter fort. (vgl. Dostal 2006, S. 22) [...] „Zwar wird immer wieder deutlich, dass es für viele dieser neuen Berufe Vorläufer gibt, die auf vergleichsweise traditionelle Verrichtungen und Hilfsmittel zurückgreifen (als Beispiel sei hier der Vergleich zwischen Telegrafie und Internet aufgeführt), doch gibt es heute kaum Berufe, die sich nicht durch technische Arbeitsmittel oder Infrastrukturen verändert haben."(Dostal 2006, S. 22)

Diese eher historische Betrachtungsweise kann nach Dostal durch die Innovationsforschung gestützt werden. Die Auswirkungen technischer Änderungen auf den Beruf wurden bereits durch verschiedene empirische Analysen bestätigt. Als Beispiel führt Dostal eine Langzeituntersuchung des IAB von etwa 1971 bis 1985 an. Diese Untersuchung stellte den Versuch dar, Personalveränderungen in verschieden und voneinander abgegrenzten Wirtschaftsbrachen abzufragen, die aufgrund von technischen Neuerungen entstanden sind. Es zeigte sich, dass die Veränderungen in verschieden Arbeitsbereichen stark von technischen Neuerungen abhängt. Jedoch wurde festgestellt, dass dieser Umstand in vielen Fällen nicht alleiniger Auslösefaktor für eine Berufsgenese war, sondern lediglich zu einer Veränderung des Arbeitsinhalts führte. (vgl. Dostal 2006, S. 23) Lahner und Ulrich beschreiben diesen Umstand ähnlich. [...] „Erst nach dem wirtschaftlichen Durchbruch einer technischen Neuerung können neue Berufe entstehen. Aber nicht jede technische Neuerung führt nach ihrem wirtschaftlichen Durchbruch zu einem neuen Beruf. [...] „Völlig neuartige Berufe entstehen aus technischen Neuerungen also seltener als es den Anschein hat. Technische Neuerungen wirken sich zwar erheblich auf den

Inhalt der Berufstätigkeiten aus, daraus kann aber nicht unmittelbar auf das Entstehen neuer Berufe geschlossen werden." (Lahner/Ulrich 1970, S. 3 f.)

Es gilt also wie bereits erwähnt, noch andere mögliche Auslösefaktoren der Berufsgenese zu betrachten.

3.1.2 Organisatorische Innovationen

[...] „In der Technikfolgen-Forschung dominierte über Jahrzehnte hinweg die Vorstellung, dass die Technik ganz bestimmte Anpassungsprozesse im Betrieb auslöst und deshalb die Wirkungen ausschließlich durch die Technikeigenschaften determiniert sind. [...] Faktisch kann diese neue Technik aber auf sehr verschiedene betriebsspezifische Anforderungen und Problemlagen zugeschnitten werden." (Becker 1992, S. 20) Das heißt, dass die Neuerungen in der Technik und die daraus resultierenden Folgen sehr stark von der Aufnahme und Umsetzung in Organisationen abhängen. Sobald Unternehmen beim Einsatz neuer Techniken Gestaltungsspielräume haben, müssen die betrieblichen Gegebenheiten und Handlungsweisen in die Überlegung mit einbezogen werden, denn der Umgang mit neuer Technik beeinflusst die „Technikfolgen"(vgl. Becker 1992, S. 20) und verleiht ihnen teilweise einen sehr individuellen Charakter.

Laut Dostal gehören organisatorische Innovationen und Veränderungen in Betrieben und Unternehmen zu einem Segment, dass bei der Erforschung der Berufsgenese eher vernachlässigt wurde. Trotzdem schreibt auch er diesem Bereich eine enorme Wirkung auf die Aufgaben und Tätigkeiten in Berufen zu, die maßgeblich dazu beitragen, dass sich Berufe verändern und neu entstehen. (vgl. Dostal 2006, S. 24) Folglich gilt es, wenn man die Berufsgenese untersucht, auch diese Segmente näher zu betrachten um festzustellen, inwieweit die Neuentstehung von Berufen durch sie beeinflusst wird. Dies kann im Rahmen der vorliegenden Arbeit nicht geleistet werden. Es muss aber der Vollständigkeit halber erwähnt werden, dass Neuerungen im Bereich der Technik eng mit der Auslegung dieser Technik und der Erarbeitung neuer Organisationskonzepte verzahnt sind. Es lässt sich daher feststellen, dass der Ursprung eins neuen Berufes meist in der Praxis zu finden ist. Viele einzelne Unternehmen gehen zunächst individuell auf die Veränderungen durch die Technik ein und generieren ihre eigenen Lösungsansätze zum Umgang mit diesen Neuerungen. Der Berufsforschung kommt dabei die Aufgabe zu, die daraus entstehenden Strukturen zu analysieren, zu gestalten, zu strukturieren und letztlich den Bedarf der Organisationen zu ermitteln. (vgl. Rauner 2006, S. 111) Erst aus einer Vielzahl von vielen verschiedenen Lösungsansätzen der einzelnen Organisationen entsteht, meist viel später, ein neuer Beruf. In diesem Zusammenhang erwähnt zum Beispiel Kleemann die Entstehung der Telearbeit. (vgl. Kleemann 2005, S. 373)

3.1.3 Administrative Innovationen

Ein Bereich der für die Berufsgeneseforschung eine eher untergeordnete Rolle spielt und dennoch Auslöser für die Neuentstehung von Berufen sein kann, sind administrative Innovationen. Die Änderungen von Gesetzen und Verordnungen können nicht nur unmittelbare Auswirkungen auf die Tätigkeitsinhalte von tradierten Berufen haben, (der Autor verweist in diesem Zusammenhang zum Beispiel auf neue Arbeitsschutzmaßnahmen u. ä.), sondern auch die Neuentstehung von Berufen bedingen. In den meisten Fällen beschäftigen sich diese Berufe mit Kontroll- und Regelungsaufgaben, die aufgrund von Gesetzesänderungen (auch bedingt durch gesellschaftlichen Wandel) entstehen. [...] „Beispiele für dieses Phänomen sind die Gleichstellungsbeauftragten oder die Datenschutzbeauftragten, die durch jeweilige Gesetze vorgegeben und somit administrativ generiert worden sind." (Dostal 2006, S. 24)

3.2   Stufen der Berufsgenese

Die bisherige Untersuchung zeigte bereits in Ansätzen, dass neue Berufe nicht einfach auf „Knopfdruck" oder durch pure Willkür entstehen. Vielmehr ist die Berufsgenese ein komplexer Prozess der sich in verschiedenen Stufen vollzieht.

Abbildung 2.:   Wahrnehmungsphasen neuer Berufsbezeichnungen

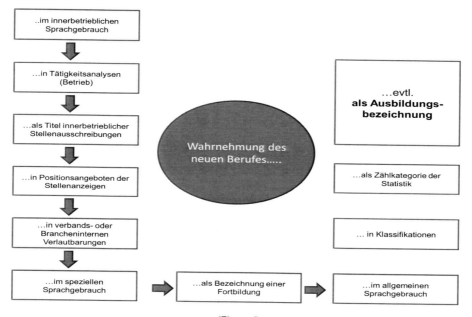

(Eigene Darstellung: Entnommen bei Troll 1996, S. 127)

Dieser Prozess beginnt, wie bereits aufgezeigt wurde, in den Organisationen die dazu gezwungen sind auf veränderte Umweltbedingungen zu reagieren. (siehe dazu: Kapitel 3.1)

3.2.1   Die innerbetrieblichen Stufen der Berufsgenese

Die ersten Signale für die Neuentstehung eines Berufes zeichnen sich dabei im innerbetrieblichen Sprachgebrauch ab. Entstehen durch die in Kapitel 3.1. dargestellten Veränderungen neue Tätigkeiten und Arbeitsschritte (Arbeitsschritte - XYZ) innerhalb einer Organisation, werden gerne Berufsbezeichnungen gewählt, die in dieser Phase oft als Kombinationswörter („XYZ – Spezialist) auftreten. Der sich vage abzeichnende neue Beruf ist in seiner Neuartigkeit noch nicht belegt, denn es erfolgt kein systematischer Vergleich zu bisherigen bekannten Berufen. Es existiert kein klar definiertes Berufsprofil und die Kenntnis des neuen Berufes ist auf einen kleinen Personenkreis beschränkt. (vgl. Dostal 2006, S. 14)

Setzt sich die Bezeichnung der neuen Tätigkeit im innerbetrieblichen Sprachgebrauch durch, geht es in einem weiteren Schritt darum diese neuen Arbeitsplätze in eine Tarifhierarchie einzuordnen. Die jeweilige Einstufung in die Tarifgruppen wird in der Regel zwischen Arbeitgebern und Betriebsräten bzw. Gewerkschaften verhandelt. Damit eine Einstufung in die vorherrschenden Tarifgruppen erfolgen kann, muss zunächst eine Tätigkeitsanalyse erfolgen, die dann als Grundlage für die Einstufung dient. Die daraus resultierenden Tarifverträge enthalten bereits erste modellhafte Arbeitsplatzbeschreibungen, in denen die Anforderungen und das Tätigkeitsprofil beschrieben und bewertet werden. (vgl. Dostal 2006, S. 16)

Die Besetzung der neu entstandenen Arbeitsplätze gestaltet sich in der Regel nicht einfach, denn es müssen geeignete Arbeitskräfte für Stellen gefunden werden, die bisher nicht existent waren. Darüber hinaus existieren keinerlei Erfahrungswerte im Umgang mit den neuen Arbeitsaufgaben, die sich meistens noch nicht in allen Details herausgestellt und konsolidiert haben. Daher wird meist versucht die neuen Stellen mit Mitarbeitern der eigenen Organisation zu besetzen. […] „Vorhandene Mitarbeiter sind besser bekannt mit ihrer Innovationsfähigkeit, ihrer Arbeitscharakteristik, ihrer Sorgfalt, ihren Stärken und Schwächen. So bleibt das Rekrutierungsrisiko geringer, insbesondere dann, wenn sich im Laufe der nächsten Zeit herausstellt, dass sich die Details der neuen Arbeitsanforderungen im weiteren Ausreifeprozess verändern." (Dostal 2006, S. 16) Um die Attraktivität der neu geschaffenen Arbeitsplätze zu steigern, werden in dieser Phase oft Berufsbezeichnungen gewählt, die besondere Chancen, aber auch gesteigerte Anforderungen signalisieren.

3.2.2 Die außerbetrieblichen Stufen der Berufsgenese

Wenn sich eine neue Tätigkeit im innerbetrieblichen Umfeld bewährt hat, verlässt der Beruf die betriebliche Sphäre. In der Regel vollzieht sich dieser Schritt laut Dostal durch externe Stellenausschreibungen und die Suche neuer qualifizierter Mitarbeiter auf dem Arbeitsmarkt. Die Angaben zur Berufsbeschreibung, der Rahmenbedingungen und der geforderten Kompetenz der Bewerber gestaltet sich üblicherweise wesentlich detaillierter und deutlich umfassender, als bei bereits bestehenden Berufen, weil kein Vorverständnis bezüglich der beruflichen Dimensionen und Ausprägungen vorausgesetzt werden kann. (vgl. Dostal 2006, S. 17) Diese Phase der Berufsgenese liefert auch der Berufsgeneseforschung erste aussagekräftige Anhaltspunkte zu den Inhalten des neuen Berufes.

Natürlich kann nicht davon ausgegangen werden, dass sich veränderte Umweltbedingungen und technische Neuerungen nur auf eine einzelne Organisation auswirken. Vielmehr sind in der Regel ganze Branchen betroffen. Dies führt dazu, dass sich die oben genannten Entwicklungen in den meisten Fällen, branchenintern abspielen. Berufs- und Fachverbände nehmen den Beruf als neues Phänomen wahr und verhelfen dem neuen Beruf durch Übernahme und Bekanntmachung zu einem höheren Grad der Normierung. Es bildet sich ein Insiderwissen, das innerhalb der Brache zunehmend an Struktur gewinnt. Allerdings muss an dieser Stelle erwähnt werden, dass sich die Genese eines neuen Berufes normalerweise in einem Umfeld intensiver Konkurrenz vollzieht. Die Kreation einer neuen Berufsbezeichnung ist ein probates Mittel, sich von der Konkurrenz abzuheben und Marktnähe zu demonstrieren. (vgl. Dostal 2006, S. 18) […] „Dies hat dazu geführt, dass die meisten neuen Berufsbezeichnungen nicht im Erwerbsbereich, sondern im Bildungsbereich entstehen." (Dostal 2006, S. 18) Das bedeutet, dass ein Beruf in der Regel erst zu einer Ausbildungsgangs- bzw. Abschlussbezeichnung geführt werden kann, wenn er durch das Bildungssystem wahrgenommen und normiert wird. Der Berufsbildung als Disziplin fällt also letztlich die Verantwortung zu, neue Berufe zu generieren. Die Methoden bei der Identifikation und Konstruktion von neuen Berufen durch die Berufsbildung, sowie die an der Entwicklung neuer Berufe beteiligten Akteure, sollen im Folgenden kurz beschrieben werden.

3.2.3 Akteure und Methodologie bei der Entwicklung neuer Berufe

Die bisherige Untersuchung zeigte, dass wirtschaftliche, technische, organisatorische und gesellschaftliche Entwicklungen veränderte Qualifikationsanforderungen und neuen Professionalisierungsbedarf zur Folge haben. Um neue Berufe zu identifizieren und sie letztlich auch zu konstruieren, sind entsprechende Kenntnisse über die betrieblichen Veränderungen und ihre Folgen für die Qualifikationsentwicklung, über veränderte Anforderungen in Tätigkeitsfeldern und in den Erwerbsberufen eine entscheidende Voraussetzung. (vgl. BIBB 2003, S 29)

Wenn ein neuer Beruf entstehen soll, geht die Initiative hierfür in der Regel von den erwähnten Fachverbänden, sowie von den Spitzenorganisationen der Arbeitgeber und den Gewerkschaften oder vom Bundesinstitut für Berufsbildung aus. Die aus Praxis und Forschung stammenden Akteure geben also in Abhängigkeit von den Entwicklungen am Arbeitsmarkt, deutliche Signale und Denkanstöße zur Neugenerierung eines Berufes ab. Nach Anhörung aller Beteiligten entscheidet das zuständige Bundesministerium in Abstimmung mit den Ländern darüber, ob die Entwicklung und Konstruktion eines neuen Berufes nötig ist. In der Regel nimmt das BIBB, oder eine andere Berufsbildungseinrichtung im Vorfeld in einem Gutachten dazu Stellung und führt – besonders bei größeren Reformvorhaben – ein Forschungsprojekt durch. (vgl. BIBB 2006, S. 22)

Die Entwicklung neuer Ausbildungsordnungen verläuft laut BIBB nach einem geregelten Verfahren, an dem sowohl der Bund, als auch die Länder, Arbeitgeber, Gewerkschaften und die Berufsbildungsforschung beteiligt sind. (vgl. BIBB 2006, S.23) […] „Bund und Länder vereinbaren, die Dauer der Verfahren grundsätzlich auf ein Jahr zu begrenzen. Die Arbeit der Sachverständigen soll im Regelfall in maximal acht Monaten nach dem Beschluss des Koordinierungsausschusses – dem Gremium, in dem Bund und Länder sich abstimmen – abgeschlossen sein. Die Ordnungsarbeit muss einerseits die Verbindlichkeit der angestrebten Rechtsnorm, die Inhalte und Ziele der Ausbildung festlegt, berücksichtigen und andererseits der Dynamik der technisch-wirtschaftlich-gesellschaftlichen Entwicklung Rechnung tragen. Die Anwendung bestimmter Methoden oder die Verwendung bestimmter technischer Systeme sind in der Ausbildungsordnung nicht zwingend vorgeschrieben. Sie listet die angestrebten Lernziele möglichst technikoffen und funktionsorientiert auf und bleibt so für neue Entwicklungen offen." (BIBB 2006, S. 22) Das genannte Verfahren zur Erarbeitung von Ausbildungsordnungen enthält laut Angaben des BIBB folgende Schritte:

1.   Die Festlegung der Eckwerte für die Ausbildungsordnung

Die Eckwertvorschläge entstehen aufgrund von Vorgesprächen der so genannten Sozialpartner (Arbeitgeber, Gewerkschaften und Berufsverbände), oder auf Basis der Ergebnisse von Forschungsprojekten oder anhand von Gutachten des Bundesinstituts für Berufsbildung. Weitere Eckwerte können aufgrund von direkten Weisungen des zuständigen Fachministeriums generiert werden. In den meisten Fällen jedoch, legen die Spitzenorganisationen der Sozialpartner den Eckwertvorschlag vor. Dieser beinhaltet alle wichtigen Eckpunkte die zur Erarbeitung eines Entwurfes einer Ausbildungsordnung wichtig sind. Dies sind zum Beispiel die Ausbildungsbezeichnung, Angaben zur Ausbildungsdauer sowie Vorschläge zum Aufbau und der zeitlichen Gliederung der neuen Berufsausbildung. Die „Eckwerte" für die Ausbildungsordnung werden dann in einem „Antragsgespräch" beim zuständigen Fachministerium (in den meisten Fällen das Bundesministerium für Wirtschaft und Technologie) festgelegt. (vgl. BIBB 2006, S. 23 ff)

Abbildung 3.:   Initiierung eines Neuordnungsverfahrens[1]

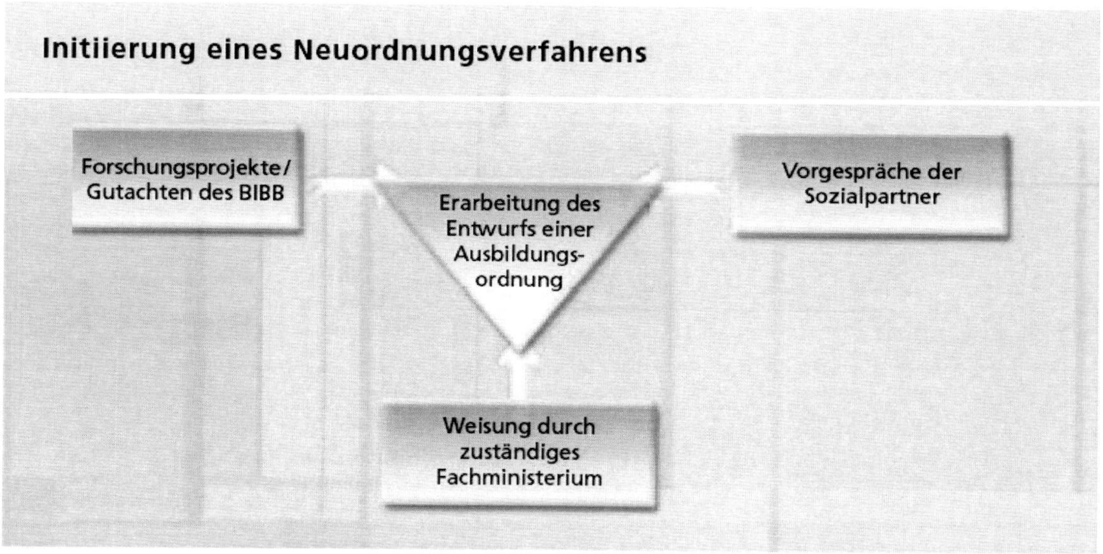

Initiierung eines Neuordnungsverfahrens

Forschungsprojekte/
Gutachten des BIBB

Erarbeitung des
Entwurfs einer
Ausbildungs-
ordnung

Vorgespräche der
Sozialpartner

Weisung durch
zuständiges
Fachministerium

(Entnommen bei: BIBB 2006, S. 23)

---

[1] Die Abbildung zeigt die Einleitung eines Neuordnungsverfahrens einer Berufsausbildung. Das aufgezeigte Verfahren verläuft bei der Generierung einer neuen Berufsausbildung sinngemäß gleich.

2. Erarbeitung und Abstimmung der Ausbildungsordnung

Im zweiten Schritt des Verfahrens werden ein Entwurf der Ausbildungsordnung für die Betriebe, sowie ein Vorschlag für den künftigen Rahmenlehrplan der berufsbildenden Schulen erstellt. Das BIBB bittet dazu die Spitzenorganisationen der Sozialpartner, Sachverständige und Experten zu benennen, die als [...] „Sachverständige des Bundes (Vertreter der betrieblichen Praxis) gemeinsam mit dem BIBB die Neuordnung des Ausbildungsberufs erarbeiten."(BIBB 2006, S. 26)

Der Entwurf der Ausbildungsordnung beinhaltet zum einen den so genannten Paragraphenteil, der unter anderem die Ausbildungsbezeichnung, das Ausbildungsberufsbild und die Prüfungsanforderungen enthält. Zum anderen wird ein Ausbildungsrahmenplan erstellt, der die sachliche und zeitliche Gliederung der neuen Berufsausbildung beinhaltet.

[...] „In Abstimmung mit der Arbeit der Sachverständigen des Bundes entwickeln Sachverständige der Länder den Entwurf eines Rahmenlehrplans für den Berufsschulunterricht. In einer gemeinsamen Sitzung am Ende der Erarbeitungsphase beraten die Sachverständigen des Bundes und der Länder die beiden Entwürfe abschließend" (BIBB 2006, S. 27) und stimmen sie hinsichtlich der zeitlichen Entsprechung und inhaltlich aufeinander ab.

Der daraus entstandene Entwurf der Ausbildungsordnung wird dann dem Hauptausschuss des BIBB vorgelegt, der durch seine Zustimmung gleichzeitig eine Empfehlung an die Bundesregierung abgibt, die Ausbildungsordnung in der vorgelegten Form zu erlassen. (vgl. BIBB 2006, S. 27)

3. Erlass der Ausbildungsordnung

In einem dritten Schritt verabschiedet schließlich der so genannte Bund-Länder-Koordinierungsausschuss Ausbildungsordnungen/Rahmenlehrpläne (KoA) die neue Ausbildungsverordnung und den darauf abgestimmten Rahmenlehrplan. Das entsprechend zuständige Ministerium erlässt dann im Einvernehmen mit dem Bundesministerium für Bildung und Forschung die Ausbildungsordnung. Gleichzeitig wird diese im Bundesgesetzblatt veröffentlicht und das Datum des „In-Kraft-Tretens„ festgelegt. Der dazugehörige Rahmenlehrplan wird dann entweder von den einzelnen Bundesländern übernommen oder in einem länderspezifischen Lehrplan für die Berufsschulen umgesetzt. (vgl. BIBB 2006, S. 29)

Am Ende dieser komplexen Prozesse, die wie aufgezeigt bereits mit dem Erkennen des neuen Berufes im innerbetrieblichen Umfeld beginnt, steht dann ein neuer Beruf.

3.3 Schwierigkeiten der Berufsgeneseforschung

Die geschilderten Vorgänge bei der Berufsgenese machen deutlich, […] „wie Verantwortung und Zuständigkeiten für die berufliche Bildung aufeinander bezogen und miteinander verschränkt sind."(BIBB 2006, S. 30) Dies macht die Berufsgenese natürlich nicht einfacher, denn es gilt verschiedenste Interessen und die Wünsche aller Beteiligten zu berücksichtigen. Die unterschiedlichen Interessen führen unweigerlich zu Schwierigkeiten bei der Generierung von Berufen. Diese Schwierigkeiten, die aus dem Gerangel um Einfluss und Mitbestimmungsrechte resultierten, sind bereits aus anderen Disziplinen der Berufsbildungsforschung, wie zum Beispiel der Modellversuchsforschung bekannt. (siehe dazu Severing 2005) Hinzu kommt, dass in der aktuellen Literatur zur Berufsbildungsforschung Begriffe wie Berufsentstehung, Berufsgenese, oder Neuentstehung von Berufen nicht auftauchen, oder nur sehr oberflächlich behandelt werden. Nur fachspezifische Literatur, wie zum Beispiel „Elektroberufe im Wandel„ von Falk Howe, oder einige Beiträge zur Genese von Computerberufen, wie sie beispielsweise Werner Dostal verfasst hat, lassen auf den Vorgang der Entstehung neuer Berufe schließen. Auf ein solides Fundament der Berufsgeneseforschung kann nicht zurückgegriffen werden. […] „Da es keine Tradition der Berufsgeneforschung gibt, sind auch deren Methoden nicht klar zu erkennen." (Dostal 2006, S. 36) Dies lässt darauf schließen, dass es eine umfassende Berufsgeneseforschung mit wissenschaftlichem Anspruch bisher nicht gegeben hat. Für den Autor erschließen sich nur rudimentäre Ansätze aus der allgemeinen Berufsforschung, die auf ein methodisches Vorgehen der Berufsgeneseforschung schließen lassen können.

3.4 Zwischenergebnis

Die Konsequenz der bisher gemachten Feststellung ist, dass der oben beschriebene Prozess der Berufsgenese – der den komplikationslosen optimal Fall darstellt – sehr langsam abläuft. Es ist bis heute kein probates Mittel gefunden worden, welches der Früherkennung von Qualifikationsanforderungen des Arbeitsmarktes dient. Bereits die reine Identifikation von Berufen gestaltet sich äußerst schwierig. Vom Auftreten einer neuen Berufsbezeichnung bis zum endgültigen Nachweis eines neuen Berufes sind mannigfaltige Schritte zu vollziehen, und es ist weiterhin unklar, welche Bedeutung diese einzelnen Schritte haben. (vgl. Dostal 2006, S. 36) Die vielseitigen Möglichkeiten bei der Erfassung von neuen Berufen, sowie die […] „unterschiedlichen Akteure im Identifikationsprozess und die immer wieder erkennbaren Sonderinteressen, die bei der Datengewinnung unterlagert sind, machen es schwer den Weg der Berufsgenese methodisch klar und exakt nachzuzeichnen." (Dostal 2006, S. 36)

4.0 Hybridberuf

Dennoch, entstehen neue Berufe und bewähren sich im Alltag. Vor allem die so genannten Hybridberufe erwiesen sich als geeignetes Mittel, die gestiegenen Anforderungen am Arbeitsmarkt zu kompensieren. Ein Beispiel für die erfolgreiche Umsetzung einer neuen Ausbildungsordnung ist die in den 1990er Jahren entstandene Berufsausbildung zum/zur Mechatroniker/in. Diese soll im Folgenden ausführlich beschrieben werden, um durch die beispielhafte Darstellung einer erfolgreichen Berufsgenese, weitere Hinweise zur Entstehung von Berufen zu ermitteln. Im Anschluss auf das folgende Kapitel sollen diese Ergebnisse verallgemeinert, und dazu genutzt werden, ein Empfehlungen für die zukünftige Berufsgeneseforschung abzuleiten.

Bevor jedoch auf die eigentliche Thematik eingegangen wird, soll der Begriff des Hybridberufes ausführlich definiert werden, um ein einheitliches Verständnis zu gewährleisten.

4.1 Hybridberuf – Ein Definitionsversuch

Von einem Hybridberuf kann gesprochen werden, wenn die Inhalte und Arbeitsaufgaben von mindestens zwei ehemals eigenständigen Berufen zu einem einzigen neuen Beruf zusammengefasst werden (vgl. Dostal/ Stooß 1998, 443 ff). [...] „Hybridberufe können in die Systematik der Berufe nicht eindeutig eingegliedert werden. So kann der Wirtschaftsingenieur je nachdem, welche Berufsbezeichnung der Befragte konkret nennt, entweder nur bei Ingenieuren oder nur bei Betriebswirten aufgeführt werden. Gleiches gilt für IT-Kaufleute, die entweder bei den IT-Berufen oder bei kaufmännischen Berufen zugeordnet werden können." (Hall 2007, S. 23)

Laut Baethge behalten diese Berufe ihren fachlichen Kern. Die fachliche Eindeutigkeit der Berufsprofile im Arbeitsprozess löst sich jedoch auf. Es entstehen hybride Qualifikationsbündel, in denen zunehmend technische und kaufmännische Qualifikationen verknüpft werden. (vgl. Baethge 2004 S. 339) Durch diese Verknüpfung von Qualifikationen entsteht ein neuer „Expertentyp" der verschiedenste Aufgaben wahrnehmen kann. (vgl. Kadritzke 1993, S. 310) Wie bereits beschrieben, waren die Auslöser für die Kombination von verschiedenen Berufen veränderte innerbetriebliche Organisationsstrukturen und die gestiegenen Anforderungen des Arbeitsmarktes.

5.0 Die Genese von Hybridberufen am Beispiel des/der Mechatroniker/-in

Der 1998 neu geschaffene Beruf eröffnete, wie die weitere Untersuchung zeigen wird, neue Möglichkeiten um der Inflation von gewünschten Anforderungsprofilen zu begegnen. In seinen Kernelementen sollte der Beruf Mechatroniker/in zur Erlangung einer umfassenden Handlungskompetenz des Auszubildenden beitragen. Ziel der Ausbildung war es die in den Ausbildungsrahmenlehrplänen genannten Forderungen – [...] „Fertigkeiten und Kenntnisse so zu vermitteln, dass der Auszubildende zur Ausübung einer qualifizierten beruflichen Tätigkeit befähigt wird, die insbesondere selbstständiges Planen, Durchführen und Kontrollieren einschließt" (BIBB 2000, S.8) – so umzusetzen, dass der Auszubildende eine umfassende Handlungskompetenz erhält und befähigt wird, Arbeitsprozesse selbständig und aktiv zu gestalten.

Im den nun folgenden Abschnitten der Untersuchung soll dargelegt werden, wie der Hybridberuf Mechatroniker/in entstanden ist und welche Gründe ausschlaggebend waren, einen Beruf mit einem derartigen Ausbildungs- und Anforderungsprofil zu schaffen. Der Grund für die beispielhafte Darstellung des Mechatronikers als Hybridberuf ist, dass sich die erste Aufregung um dieses Berufsbild bereits lange gelegt hat. Er besteht in seiner Eigenschaft als staatlich anerkannter Ausbildungsberuf inzwischen seit 12 Jahren. Es herrscht inzwischen Klarheit über den Ausbildungsrahmenplan und die Lehrpläne, deren Umsetzung höchst unterschiedlich, aber ausnahmslos zufriedenstellend gelingt. (vgl. Teichgräber/Ritter 2005, S.88) Die Vorstellungen über die späteren Arbeitsaufgaben der Mechatroniker/in sind aber vereinzelt noch diffus. (vgl. Regber 1999, S. 9f) Von diesem Standpunkt aus betrachtet, ist der Mechatroniker/in ein plakatives Beispiel für die Berufsgenese und für die weitere Untersuchung von großem Interesse.

5.1 Entwicklung zum Ausbildungsberuf

Hinweis: Zugunsten der besseren Lesbarkeit verwendet der Autor während der weiteren Untersuchung für beide Geschlechter die männliche Nennform der Ausbildungsbezeichnung.

Bereits in den 1980er Jahren, wurden während der Arbeiten zur Neuordnung der industriellen Metall- und Elektroberufe Überlegungen angestellt, einen Hybridberuf mit Qualifikationen aus Elektronik, Elektrotechnik und Metalltechnik zu entwickeln. Letztlich wurde die Trennung zwischen Metall- bzw. Mechaniker- und Elektroberufen aus ordnungspolitischen Gründen beibehalten. (vgl. Howe 2004, S. 357)

Ein knappes Jahrzehnt später wurde die Initiative vom Verband Deutscher Maschinen- und Anlagenbau (VDMA) erneut ergriffen. Ziel war die Schaffung eines neuen Ausbildungsberufes, der Qualifikationen aus der Mechanik, der Steuerungstechnik und der Elektrotechnik vermitteln sollte. (vgl. BMBF 2001, S. 37) Der Antrag wurde mit einem inzwischen konstatiert hohen Fachkräftebedarf vor allem in der Fahrzeugindustrie begründet. Das bisherige Verfahren, dass lediglich vorsah gelernten Mechanikern Zusatzqualifikationen in der Steuerungstechnik und der Elektrotechnik zu vermitteln, wurde als unzeitgemäß eingestuft. (vgl. Howe 2004, S. 357) Zudem kam der enorm hohe Wettbewerbsdruck der durch die inzwischen globalisierten Märkte ausgelöst wurde. Es wurde nach einer Möglichkeit gesucht den Personaleinsatz möglichst rational zu gestalten.[2] Dabei ist der Weg der Anpassungsqualifizierung im Vergleich zu den originären Vermittlungen von Qualifikationen in der Erstausbildung natürlich der schlechtere Weg. (vgl. Weißmann 1997, S. 428)

Innerhalb eines Jahres wurde von den Sachverständigen des VDMA und der IG Metall in enger Zusammenarbeit mit dem BIBB die Ordnungsmittel entwickelt. Im Rahmen des Antragsgespräches bei BMWi wurde dann die ursprüngliche Absicht – die Zuordnung des Berufes zum Berufsfeld Elektrotechnik – fallen gelassen und zusätzlich die Eckwerte „Keine Berufsfeldzuordnung" und „Monoberuf ohne Spezialisierung" vereinbart. Dieser Schritt wurde damit begründet, dass die geplante Grundbildung mit der Elektrotechnik-Grundbildung nicht in Einklang zu bringen war. Bei der Suche nach einer Berufsbezeichnung wurde von Seiten der Berufskonstrukteure eingeräumt, dass der Elektromechaniker eine durchaus passende Bezeichnung dargestellt hätte. (vgl. Howe 2004, S. 358) Allerdings war diese Berufsbezeichnung bereits seit 1972 vom handwerklichen Elektromechaniker besetzt. (vgl. Weißmann 1997, S. 430) Um den Konflikt mit dem handwerklichen Bereich zu

---

[2] Ein ähnliche Diskussion findet sich bereits in den 1930er Jahren bei der Schaffung des Elektromechanikers, mit dem eine unnötige „Zwei-Mann-Arbeit" vermieden werden sollte. (vgl. Howe 2004, S. 357)

vermeiden und offenbar auch um dem neuen Beruf ein modernes Image zu verschaffen, wurde die Berufsbezeichnung Mechatroniker gewählt. (vgl. Howe 2004, S. 359)

5.2 Das Ausbildungsprofil des Mechatronikers

Die Berufsausbildung zum Mechatroniker dauert 3 ½ Jahre und erfolgt in den Lernorten Betrieb und Berufsschule. Für den staatlich anerkannten Ausbildungsberuf des Mechatronikers ist keine gesetzlich bestimmte Schulausbildung zwingend vorgeschrieben. Die Voraussetzungen werden von den Unternehmen selbst festgelegt. Das Arbeitsgebiet des Mechatronikers erstreckt sich dabei von der Montage und der Instandhaltung komplexer Maschinen, bis hin zur Wartung von Anlagen und Systemen im Anlagen- und Maschinenbau. Darüber hinaus wird der Mechatroniker im Kundendienst der Unternehmen und im Service eingesetzt. Sie üben ihre Tätigkeit an verschiedenen Einsatzorten, jedoch überwiegend auf Montagebaustellen, in Werkstätten oder im Servicebereich aus. Dabei führen sie alle Arbeiten selbstständig durch und beachten die einschlägigen Vorschriften und Sicherheitsbestimmungen. Sie arbeiten häufig in Teams und sind darauf angewiesen ihre Arbeiten mit den vor- und nachgelagerten Bereichen abzustimmen. Die beruflichen Fähigkeiten des Mechatronikers sind dabei äußerst variabel und vielseitig. Er plant und steuert Arbeitsabläufe, kontrolliert und beurteilt Arbeitsergebnisse und wendet Qualitätsmanagementsysteme an. Er bearbeitet mechanische Bauteile und fügt Baugruppen und entsprechende Komponenten zu mechatronischen Systemen zusammen. Dazu muss der Mechatroniker die funktionellen Zusammenhänge auf der Systemebene beherrschen, sowie alle Signale an den Schnittstellen der Baugruppen nach außen und zu den einzelnen Komponenten prüfen können. (vgl. BIBB 2000, S. 1 ff.) Die Schwerpunktsetzung liegt somit nicht bei der Herstellung und dem Einbau von entsprechenden Komponenten, sondern bei den funktionellen Zusammenhängen in mechatronischen Systemen. (vgl. Borch/Frackmann/ Weißmann 2001, S. 6) Innerhalb der Produktion gilt der Mechatroniker als Prozessgestalter, der seine tätigkeitsübergreifenden Fähigkeiten vor allem im Aufbau und im Prüfen von elektrischen, pneumatischen und hydraulischen Steuerungen einbringt. Er programmiert in diesem Zusammenhang mechatronische System und prüft deren Funktion. (BIBB 2000, S. 1 ff.)

Innerhalb der Betriebe werden Mechatroniker zur Montage und Demontage, zum Transport von Maschinen und zur Sicherung von Maschinen, Systemen und Anlagen benötigt. Bei der Zusammenarbeit mit dem Kunden werden Mechatroniker zur Übergabe und Einweisung in mechatronische Systeme eingesetzt und sind deshalb in der Lage auch mit englischsprachigen Unterlagen zu Arbeiten und zu kommunizieren. (vgl. Teichgräber/Ritter 2005, S.101) Am Ende der Ausbildung zum Mechatroniker findet eine Abschlussprüfung statt, welche die berufliche und betriebliche Praxis abbilden soll. (vgl. BIBB 2000, S. 6)

5.3 Berufsausbildung und Inhalte des Berufs Mechatroniker/-in Eine Abgrenzung zu herkömmlichen Berufsbildern

Die bisherigen Ergebnisse der Untersuchung machen es möglich den Beruf des Mechatronikers von herkömmlichen Berufsbildern abzugrenzen. Das Kunstwort Mechatronik, zusammengesetzt aus Mechanik und Elektronik erfuhr in den 1990er Jahren allgemeine Akzeptanz und steht heute für ein [...] „interdisziplinäres Gebiet, in dem die Systembereiche Mechanik (Maschinenbau, Feinwerktechnik), Elektronik (Mikroelektronik, Leistungselektronik, Sensorik, Aktorik) und Informationstechnik (Softwaretechnik, Regelungs- und Automatisierungstechnik) integrativ zusammenwirken."(Howe 2004, S. 359) [...] „ Mechatronische Systeme zeichnen sich dadurch aus, dass der mechanische Prozess und das elektronische System von Anfang an als räumlich und funktionell integriertes Gesamtsystem konzipiert sind. (vgl. BMBF 2001, S. 9)

Der Mechatroniker gilt deshalb als ein Querschnitts- bzw. Hybridberuf, der sich schon aufgrund dieses Charakteristikums von der Mehrzahl der anderen Berufsausbildungen in der Bundesrepublik unterscheidet. Vereinfacht formuliert setzt er sich aus drei Berufsbildern zusammen:

1. Der Industrieelektroniker

2. Der Industriemechaniker

3. Der Fachinformatiker

(vgl. Teichgräber/Ritter 2005, S.92)

Zum besseren Verständnis der Thematik und der Neuartigkeit des Ausbildungskonzeptes des Mechatronikers sollen im Folgenden die Ausbildungsinhalte und die

Ausbildungsziele der oben genannten herkömmlichen Ausbildungsberufe in den wesentlichen Punkten dargestellt werden. Dies wird zunächst dazu dienen, gemeinsame Inhalte aber auch Unterschiede im Vergleich zum Mechatroniker aufzuzeigen um das „Neue" zu spezifizieren. Die erlangten Erkenntnisse werden im Anschluss dazu verwendet die qualitativen Veränderungen und die neuen Möglichkeiten, welche durch das neue Berufsbild des Mechatronikers entstanden sind, darzustellen.

Der Autor bezieht sich im Folgenden vor allem auf eine empirische Untersuchung von Teichgräber und Ritter aus dem Jahre 2005.

5.3.1 Der Industriemechaniker

Laut der Ausbildungsverordnung des Industriemechanikers beinhaltet der Beruf insgesamt 17 Fertigkeiten und Kenntnisse die während der Berufsausbildung vermittelt werden sollen.

1. Berufsbildung
2. Aufbau und Organisation des Ausbildungsbetriebes
3. Arbeits- und Tarifrecht, Arbeitsschutz
4. Arbeitssicherheit, Umweltschutz und rationelle Energieverwendung
5. Lesen, Anwenden und Erstellen von technischen Unterlagen
6. Unterscheiden, Zuordnen und Handhaben von Werk- und Hilfsstoffen
7. Planen und Steuern von Arbeits- und Bewegungsabläufen, Kontrollieren und Beurteilen der Ergebnisse
8. Warten von Betriebsmitteln
9. Prüfen, Anreißen und Kennzeichnen
10. Ausschichten und Spannen von Werkzeugen und Werkstücken
11. Manuelles Spannen
12. Maschinelles Spannen
13. Trennen, Umformen
14. Fügen
15. Aufbau und Prüfen von Pneumatikschaltungen
16. Montieren von Bauteilen und Baugruppen
17. Prüfen und Einstellen von einzelnen Funktionen an Baugruppen durch Messen und Erfassen von Arbeitswegen und Betriebswegen.

(vgl. Teichgräber/Ritter 2005, S.92)

Die zu vermittelnden Fertigkeiten der Berufsausbildung zum Industriemechaniker sind alle in der Berufsausbildung zum Mechatroniker integriert. Sie werden jedoch in weniger Ausbildungsteilgebiete zusammengefasst. Der Unterschied zum Mechatroniker besteht im Wesentlichen darin, dass der Industriemechaniker bei der puren Anwendung der Mechanik stehen bleibt. Er prüft und betätigt lediglich die einzelnen Baugruppen und muss nicht den gesamten und komplexen Produktionsprozess erfassen. Dies ist auch der Grund, warum der Industriemechaniker den Anforderungen der Produktionsabläufe und den dabei verwendeten Maschinen nicht mehr gerecht wird. Laut Teichgräber und Ritter äußerten sich sämtliche Ausbildungsleiter im Zuge von Befragungen zum Industriemechaniker dahingehend, dass die Betriebe mit dem Mechatroniker, in Bezug auf das Gebiet der Produktionstechnik, einen neuen Kernberuf haben, der den des Industriemechanikers in naher Zukunft gänzlich ablöst. (vgl. Teichgräber/ Ritter 2005, S.92)

5.3.2 Der Industrieelektroniker

Die Berufsausbildung zum Industrieelektroniker hat laut Ausbildungsverordnung folgende Schwerpunkte:

1. Berufsbildung
2. Aufbau und Organisation des Ausbildungsbetriebes
3. Arbeits- und Tarifrecht, Arbeitsschutz
4. Arbeitssicherheit, Umweltschutz und rationelle Energieverwendung
5. Anfertigen von mechanischen Teilen
6. Herstellen von mechanischen Verbindungen
7. Zusammenbauen und Verdrahten von mechanischen, elektromechanischen und elektrischen Bauteilen zu Baugruppen und Geräten
8. Zurichten, Verlegen und Anschließen von Leitungen
9. Messen von Gleich- und Wechselgrößen sowie Prüfen von Bauteilen und Baugruppen
10. Montieren und Installieren funktional abgegrenzter Anlagenteile
11. Prüfen, Messen und Einstellen von Baugruppen und Geräten
12. In Betrieb nehmen von Baugruppen, Geräten und funktional abgegrenzten Bauteilen

(vgl. Teichgräber/Ritter 2005, S.94)

Daraus wird ersichtlich, dass sich der Beruf des Mechatronikers auch in wesentlichen Teilen auf die Ausbildung des Industrieelektronikers stützt. Ein großer Unterschied besteht jedoch bei der Abschlussprüfung, die beim Industrieelektroniker keinen betrieblichen Auftrag mit der damit verbundenen Dokumentation der Ergebnisse beinhaltet. Hier werden die entsprechenden Fächer der Berufsschule schriftlich abgeprüft. Zudem ist ein Prüfstück zu fertigen. Der Schwerpunkt des Rahmenlehrplans liegt eindeutig bei der technischen Mathematik. Der Ausbildungsrahmenplan der Berufsausbildung zum Mechatroniker sieht für die Vermittlung der Elektrotechnik und der Steuerungstechnik lediglich 21 bzw. 32 Wochen vor, womit der Mechatroniker laut Unfallverhütungsvorschrift als Elektrofachkraft gilt. (vgl. Teichgräber/Ritter 2005, S.94)

5.3.3 Der Fachinformatiker

Die Berufsausbildung zum Mechatroniker setzt im Ausbildungsrahmenplan vor allem Akzente bei der Kommunikation mit EDV, bei der PC und Systemdiagnose via Datenverarbeitungsprogrammen, sowie bei entsprechenden Analysetools. Zusätzlich verfügt der Mechatroniker über Kenntnisse bei der Programmierung. Diese Ausbildungsinhalte wurden aus dem Ausbildungsberuf des Fachinformatikers entnommen, der im Wesentlichen, Kenntnisse im Umgang mit komplexen Hard- und Softwaresystemen vermittelt.

Fachinformatiker Planen und Realisieren informations- und telekommunikationstechnische Systeme. Als typische Einsatzgebiete bei der Anwendungsentwicklung gelten kaufmännische Systeme, technische Systeme, sowie mathematisch wissenschaftliche Systeme. Zu den beruflichen Fähigkeiten des Fachinformatikers gehören:

1. Das Testen und Dokumentieren von Anwendungen
2. Das Einsetzen von Methoden der Projektplanung, -durchführung und –kontrolle
3. Das Beheben von Fehlern durch den Einsatz von Experten- und Diagnosesystemen

(vgl. Teichgräber/Ritter 2005, S.94)

Dieser Auswahl der in der Berufsausbildung zum Fachinformatiker vermittelten Kenntnisse lassen sich in stark verkürzter Form bei der Ausbildung zum Mechatroniker wieder finden. Bei der Konzeption des Mechatronikers hatte man jedoch nicht das Ziel den Fachinformatiker zu ersetzen. Man wollte lediglich – aus einem Rationalisierungsgedanken heraus – verhindern, dass bei Störungen im Produktionsablauf, zwingend derartige Spezialisten hinzugezogen werden müssen. Von daher ist der qualitative Einfluss des Fachinformatikers, bezogen auf die überfachliche Ebene und die Ausbildung zum Mechatroniker, am geringsten. (vgl. Teichgräber/Ritter 2005, S.95)

5.4 Qualitative Veränderungen und neue Möglichkeiten durch den Beruf Mechatroniker

Der Mechatroniker kann also als ein Hybridberuf verstanden werden, der vor allem durch Neuerungen in Technik und dem gesellschaftlichen Wandel (Globalisierung) entstanden ist. Neue komplexe Techniken und Produktionsverläufe sowie der Qualitäts-, Kosten- und Zeitdruck, machten ihn als Ausbildungsberuf erforderlich. Seine Inhalte vereinen die wesentlichen Fähigkeiten und Kenntnisse aus verschieden Bereichen der Industrie, der Elektrotechnik und der Informatik. Somit ist der Mechatroniker nicht nur befähigt mit einer entsprechenden technischen Komplexität umzugehen, sondern ganzheitliche Produktions- und Arbeitsschritte zu erfassen und umzusetzen. Es lässt sich auch erkennen, dass der Beruf eher auf die Breiten- und nicht auf die Tiefenqualifikation ausgerichtet ist. Er konzentriert sich mehr auf die Vermittlung von Wirkungszusammenhängen und ganzheitlichen Systembetrachtungen. Deshalb zeichnet sich der Mechatroniker durch reduziertes Detailwissen und funktionale Betrachtungsweisen aus. (vgl. BIBB 2000, S. 6) Für die Unternehmen hat die starke, bereits in der Ausbildung dominierende, handlungsorientierte Ausrichtung des Berufs einige Vorteile.

Die Branche hat in erster Linie nicht nur die die Chance, Mitarbeiter mit kompensierten und fächerübergreifenden Fachkenntnissen zu beschäftigen, sonder vor allem die Möglichkeit das spezifische Wissen den betriebseigenen Gegebenheiten anzupassen.

In Bezug auf die Lernortkooperation bei der Ausbildung zum Mechatroniker ergaben sich jedoch einige zunächst einige Schwierigkeiten. Vor dem geschilderten Hintergrund sind diese vor allem den betrieblichen Ausbildungsmethoden und Ausbildungsgegebenheiten zuzurechnen.

5.5 Lernortkooperation und Lernfeldkonzept

Mit dem zwischen 1996 und 1999 von der Kultusministerkonferenz (KMK) vorgelegten „Handreichungen für die Erarbeitung von Rahmenlehrplänen" ergaben sich für die Berufsschulen wesentliche Unterschiede zu den bisherigen Lehrplänen. [...] „Anstelle der relativ detailliert gefassten, überwiegend fachsystematisch geordneten Lernziele," (Teichgräber/Ritter 2005, S.95) standen nunmehr vergleichsweise grobe und handlungssystematische Zielformulierungen. Die Handlungsorientierung wurde also auch in der Berufsschule ein Thema. Zudem kam, dass die Auszubildenden nicht alle über die gleichen betrieblichen Voraussetzungen verfügten und somit zunächst unterschiedliche Kenntnisse und Fertigkeiten seitens der Betriebe vermittelt wurden. Die genannte Methode der handlungsorientieren Ausbildung fordert das Vorhandensein von Ausbildungsressourcen, (Maschinenpark, Lehrwerkstätten etc.) die oft nur in größeren und produzierenden Betrieben zu finden sind. Aus diesem Grund gab es bei der betrieblichen Ausbildung zunächst größere Unterschiede als bei den Ausbildungsmethoden der Berufsschulen. Deshalb konnte auch die von den Betrieben geforderten Handlungskompetenzen nur bedingt vermittelt werden. (Teichgräber/Ritter 2005, S.163) Die Berufsschulen waren oft nicht fähig dieses Defizit zu beheben. Aus diesem Grund hat man intensiv daran gearbeitet die Lernortkooperation und die Zusammenarbeit der einzelnen Akteure zu erhöhen. Man erkannte die Kooperation - (Inhalte, Verfahren, Zeitplanung, gemeinsame Erziehungsarbeit) beider Lernorte – als die wesentliche Voraussetzung für das Gelingen beruflicher Ausbildung. Vor allem die Berufsschule stellte den berufsschulischen Unterricht stärker auf die innerbetrieblichen Prozesse ab.

Der Rahmenlehrplan der Berufsschule ist inzwischen in sogenannte Lernfelder gegliedert. Diese Lernfelder orientieren sich an betrieblichen Handlungsabläufen und zielen auf die Ganzheitlichkeit der Lernprozesse ab. Das Lernfeldkonzept gibt eine didaktische Struktur von Lernzielen und Inhalten vor, die das Ziel einer ganzheitlichen und handlungsorientierten Ausbildung im Berufsschulunterricht fördern soll.

[...] „Die unterrichtliche Planung geht hierbei nicht von fachsystematischen Inhaltskatalogen aus, sondern verfolgt das gemeinsame Ziel beider Lernorte, dass Jugendliche am Ende eines Ausbildungsabschnitts berufliche Handlungsabläufe beherrschen. Für die unterrichtliche Umsetzung wurden die Handlungsabläufe didaktisch reflektiert und entsprechende Lernfelder gebildet. Mit dieser konzeptionellen Aufbereitung wird der Berufsschulunterricht stärker an die Erfahrungswelt der Auszubildenden angelehnt. Lernen in Lernfeldern geht über die reine Vermittlung von Fachkompetenz hinaus, indem im Sinne der Ganzheitlichkeit stärker zusätzliche Kompetenz, wie Methoden-, Sozial- und Individualkompetenz, ins Zentrum gerückt werden. Lehrern und Lehrerinnen an den Schulen wird durch das Konzept ermöglicht, verstärkt erfahrungsbezogen und schüleraktivierend zu unterrichten." (Herdt 2001, S. 7)

Dies verweist in diesem Zusammenhang auf einen interessanten Aspekt der Berufsgenese, der wesentlich für die weitere Untersuchung ist. Ganz gleich welche Prozesse sich bei der genese von Berufen abspielen – die Berufsbildung kann erst weit später auf diese Entwicklungen reagieren. Bevor jedoch auf diese Überlegung eigegangen wird, soll noch kurz auf die Ausbildungsplatz- und Arbeitsmarktsituation Eingegangen werden, denn die Zahlen verweisen darauf, dass sich der Mechatroniker ganzheitlich betrachtet als ein Erfolgsmodell der Berufsgenese darstellt.

5.6 Ausbildungsplatz- und Arbeitsmarktsituation

Die Impulse für die Konzipierung des Berufs des Mechatronikers gingen, wie bereits festgestellt wurde, schwerpunkmäßig von den Forderungen und Bemühungen der Wirtschaft aus. Dies verdeutlicht ein Blick auf die Ausbildungszahlen, die verdeutliche wie stark und schnell sich der Mechatroniker in der Berufslandschaft etabliert hat.

Seit seiner Konzeption im Jahre 1998 kann der Beruf des Mechatroniker eine erfolgreiche Entwicklung nachweisen. Während die Zahl der Auszubildenden im Bereich von Industrie und Handel seit 1990 Rückläufig sind, (vgl. Howe 2004, S. 364) steigen die Quoten der seit 1996 neu geschaffen Berufe stetig an. (vgl. Teichgräber/Ritter 2005, S.129). Der Mechatroniker liegt dabei weit an der Spitze der neu geschaffen Berufe, was die starke Nachfrage seitens der Unternehmen verdeutlicht. Dies zeigt auch der Berufsbildungsbericht 2009.

Abbildung 4.:   Die 25 im Jahr 2008 am häufigsten von jungen Männern besetzten Berufe

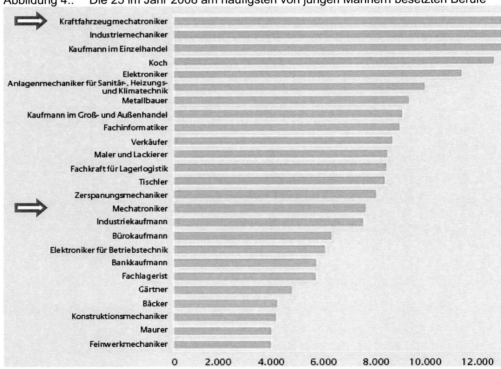

(Eigene Darstellung: Entnommen bei BMBF 2009, S. 13)

Die Anzahl der nachgewiesenen Ausbildungsverträge hat sich inzwischen im Vergleich zum ersten Jahr (1998 waren es 1185 Auszubildende)[3] verzwölffacht, wobei anzumerken ist, dass der Beruf des Mechatronikers, nach wie vor überwiegend männlich dominiert wird. (vgl. Teichgräber/Ritter 2005, S.131)

5.7   Zusammenfassung

Durch die globalisierten Märkte und den verstärkten Zeit-, Qualitäts- und Kostendruck sind die modernen Betriebe und Unternehmungen dazu gezwungen ihre Technik und ihren Personaleinsatz möglichst effizient zu gestalten. Der Wettbewerbsdruck verlangt, dass immer komplexere Systeme in den Arbeits- und Produktionsprozess aufgenommen werden. Die Integration dieser Systeme betrifft natürlich nicht nur technische Aspekte, sonder auch die Arbeitnehmer und deren Arbeitsbereiche, sowie die neuen Kommunikationsmöglichkeiten. Die Unternehmen fordern aus diesen Gründen, Mitarbeiter die durch ihre Qualifikationen und Kenntnisse, den gesteigerten Ansprüchen gerecht werden.

Dem durch technische, gesellschaftliche und administrative Veränderungen hervorgerufenen Wandel begegnen die Unternehmen mit der Umstrukturierung ihrer Produktionsprozesse und mit der Schulung- und Weiterbildung ihrer Mitarbeiter. Wenn die Veränderungen durch die Berufsbildung wahrgenommen werden, sei es durch Forderungen der Gewerkschaften und Arbeitgeberverbände, oder durch direkte Informationen vom Arbeitsmarkt oder Arbeitsmarktanalysen, besteht die Möglichkeit den veränderten Anforderungen durch die Entwicklung eines neuen Berufes zu begegnen.

Die schnelle Genese des Mechatronikers zeigt, dass es bei der Genese von Berufen vor allem auf den Willen aller Beteiligten ankommt. Der als Querschnittsberuf ausgelegte Mechatroniker konzentrierte sich vor allem auf eine besondere Breite der Qualifizierung. Dies befähigt den ausgebildeten Mechatroniker in unterschiedlich aufgebauten und strukturierten Unternehmen, sowie in verschieden Branchen eingesetzt zu werden.

Allerdings konnte festgestellt werden, dass die Berufsbildung, bzw. die Berufsforschung mit ihrem tätigkeitsbasierenden Zweig der Berufsgeneseforschung, immer hinter den aktuellen Entwicklungen steht und es teilweise sehr schwierig ist auf die

---

[3] vgl. Berufsbildungsbericht 1999, Tabelle 1/10, S. 232

genannten Veränderungen zu reagieren. Die Berufsgenese des Mechatronikers als inzwischen erfolgreiches Beispiel zeigt, dass bereits in den 1980er Jahren eine Umstrukturierung des entsprechenden Berufszweigs gefordert wurde. Erst 18 Jahre später wurde die neue Ausbildungsordnung erlassen. Deswegen darf auch die Ausbildungsgenese nicht mit der Berufsgenese verwechselt werden. (vgl. Dostal 2006, S. 281) Bei der Ausbildungsgenese existieren bereits entsprechende Vermessungen der Berufslandschaft, die letzten Endes durch die vorgegebenen Curricular beschreibbar sind. Wenn man unterstellt, dass die Berufsgenese vornehmlich direkt am Arbeitsplatz stattfindet und die Berufsbildung erst weit später reagiert, ist es nicht sinnvoll, die Berufsgenese mit der Ausbildungsgenese zu identifizieren. (vgl. Dostal 2006, S. 281) Grade die Anfangsphase bei der Entstehung von Berufen, die sich innerhalb der Betriebe vollzieht, würde so aus dem Blick verschwinden.

Erfolgreiche Berufsgenesen, wie die des Mechatronikers, liefern aber rückblickend betrachtet interessante Hinweise auf die Gründe, für die Neuentstehung von Berufen. Diese Aspekte wurden im Vorstehenden zusammengetragen und eröffnen dem Autor im Folgenden die Möglichkeit, eine Empfehlung für die zukünftige Berufsgeneseforschung auszusprechen. Dabei soll auf die künftigen Herausforderungen der Berufsgeneseforschung verwiesen werden.

6.0 Ein Ausblick: Perspektiven, Handlungs- und Forschungsbedarf

Die Berufsgenese und der angesprochene Wandel haben keine Aktualität eingebüßt. Die Entstehung des Mechatronikers steht in diesem Zusammenhang nur Beispielhaft für fortlaufende Entwicklungsprozesse. [...] „ Vor fast 15 Jahren wurden die damals neuen Technologien [...] in die Ausbildung [...] integriert. Inzwischen haben sich die Techniken weiter verändert." (Aschhoff 2005, S. 14) [...] „In der Metall- und Elektroindustrie finden sich weiterhin mit die innovativsten Branchen des verarbeitenden Gewerbes. Nach den Ergebnissen des Mannheimer Innovationspanels lag im Jahr 2004 die Innovatorenquote im Fahrzeugbau bei 65 Prozent, im Maschinenbau bei 75 Prozent, in der Elektroindustrie bei 72 Prozent und damit nach der EDV und Telekommunikationsbranche (78 Prozent) an der Spitze der Rangfolge; lediglich die Metallindustrie im engen Sinn (Metallerzeugung und -bearbeitung, Herstellung von Metallerzeugnissen) bietet mit 55 Prozent einen deutlich geringeren Wert. Hinsichtlich der Innovationsintensität und beim Umsatzanteil mit Produktneuheiten lagen die Branchen der Metall- und Elektroindustrie – jeweils mit Ausnahme der Metallindustrie im engen Sinn – ebenfalls im oberen Feld," (Aschhoff 2005, S. 15) wie durch Abbildung 5. verdeutlicht wird.

Abbildung 5.:   Innovationsintensität nach Branchen des verarbeitenden Gewerbes (2004)

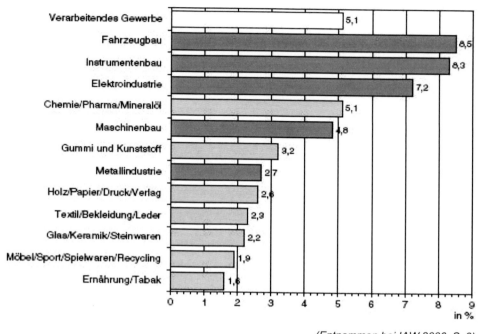

(Entnommen bei IAW 2006, S. 9)

[...] „Deshalb ist die Notwendigkeit für eine erneute Überarbeitung der Ausbildungsberufe" (BIBB 2003, S. 2) gegeben.

6.1   Die zukünftigen Herausforderungen und Chancen der Berufsgeneseforschung

Während der Untersuchung konnte festgestellt werden, dass die Berufsgeneseforschung nicht auf ein solides Fundament zurückgreifen kann. Die institutionelle Struktur einer zukünftigen Berufsgeneseforschung ist ebenfalls ungeklärt, nachdem der IAB nach seiner Umorganisation im Jahre 2004   den Forschungsstrang nicht weiter verfolgte. (vgl. Dostal 2006, S. 279) Es ist in diesem Zusammenhang aber nicht wichtig ob die Berufsgeneseforschung in einem darauf spezialisierten Institut erfolgt. Viel entscheidender ist, dass sie nicht von Interessengruppen ausgeführt wird und ihre Interdisziplinarität gewährleistet bleibt. Diese Forderung ist jedoch nicht leicht zu erfüllen. Damit ihre Ergebnisse wissenschaftliche Anerkennung finden, sind besonders aufwändige und mühsame Schritte erforderlich. Es sind umfangreiche Datenerhebungen von Nöten um eine zuverlässige Voraussage bezüglich zukünftiger Trends und der Neuentstehung von Berufen treffen zu können. Deswegen sollte die Berufsgeneseforschung vor allem dort angesiedelt werden, wo berufskundliches Wissen verdichtet und gesammelt wird. (vgl. Rauner 2006, S. 115) Gelingt es eine fundierte und zuverlässige Berufsgeneseforschung zu betreiben, bestünde die Möglichkeit frühzeitig und wirkungsvoll auf die Veränderungen am Arbeitsmarkt zu reagieren. Die daraus gewonnen Erkenntnisse könnten der gesamten Bildungssituation der Bundesrepublik Deutschland zu gute kommen. Berufsgeneseforschung könnte im Verbund mit der Qualifikationsforschung wichtige Hinweise zum zukünftigen Bildungs- und Ausbildungsbedarf liefern. Dazu sind aber die folgenden Schritte zur Weiterentwicklung einer theoretisch fundierten Berufsgeneseforschung zu vollziehen.

6.1.1 Vermessung der Berufslandschaft

Die Vermessung der berufskundlichen Informationen muss anhand von standardisierten und normierten Berufsprofilen erfolgen, die für die gesamte Berufsforschung und alle Akteure Gültigkeit haben.

[…] „Die Identifikation einer Berufsgenese bedarf der Fixierung vorhandener Berufe im Sinne einer vermessen Berufslandschaft."(Dostal 2006, S. 280) Erst wenn bestehende Berufe bekannt und vermessen sind, lässt sich die Genese eines neuen Berufes Identifizieren. Deshalb ist es wichtig ein fundiertes Hintergrundwissen zur Berufslandschaft zu generieren. Die vorhandenen Informationen müssen gesammelt und einer einheitlichen Ordnung zugeführt werden. Diese Aufgabe kommt im Wesentlichen der Berufskunde und Berufsforschung zu. Leider existieren bisher keine verbindlichen Vorgaben zur Vorgehensweise bei der Verwaltung von berufskundlichen Informationen. Bislang werden die vorhandenen Informationen zur Berufslandschaft von unterschiedlichen Akteuren und auf unterschiedlichen Ebenen erstellt. (vgl. Dostal 2006, S. 280) Somit ist es auch nicht möglich, Lücken in der überkommenden Berufslandschaft festzustellen. Somit erschwert sich die Identifikation neuer Berufe, denn die Inhalte und Tätigkeiten dieser, liegen oft nahe an den Inhalten und Tätigkeiten bereits vorhandener Berufe, wie am Beispiel des Mechatronikers gezeigt werden konnte.

Wünschenswert wäre die Erstellung von normierten Berufsprofilen. Durch sie könnte man über einen Profilvergleich entsprechende Abstandmaße ermitteln, […] „mit denen die Ähnlichkeit des neuen Berufs mit den überkommenden Berufen quantifiziert werden könnte." (Dostal 2006, S. 280)

6.1.2 Bestimmung der Neuartigkeit

Auf Basis der angesprochen Abstandmaße ließe sich die Neuartigkeit eines Berufes relativ leicht feststellen. Die Voraussetzung dafür ist, dass die aus der Vermessung resultierenden Berufsprofilelemente gewichtet werden und die Neuartigkeit genau definiert wird. Bei einem entsprechenden Profilvergleich könnte die Neuartigkeit bei Nichtübereinstimmung ermittelt werden. (vgl. Dostal 2006, S 282)

6.1.3 Bedarf an theoretischen Erkenntnissen

Die Untersuchung zeigte, dass weder der Beruf als Begriff, als auch die Berufsgenese eine tragfähige theoretische Basis aufweist. Durch die Unbestimmtheit des Berufsbegriffs steht auch die Berufsgeneseforschung auf einem unsicheren Fundament. Folgt man der vorliegenden Untersuchung benötigt man für eine stabile Berufsgenesetheorie folgende Elemente:

1.   Für bereits bestehende Berufe:

- Ein theoretisches Konstrukt von Beruf
- Eine Vereinbarung zur qualitativen und quantitativen Beschreibung der einzelnen Berufe
- Eine Vermessung der Berufslandschaft anhand von Aussagekräftigen Profilen

2.   Für den Nachweis der Berufsgenese:

- Eine klare Definition der Neuartigkeit
- Tragfähige Berufsprofile und eine funktionierende Methode zum Profilvergleich
- Die Vorgabe eines Abstandsmaßes für den Vergleich von Berufsprofilen

(siehe dazu Dostal 2006, Kapitel 5.3)

7.0   Schlussbetrachtung

Vor dem Hintergrund der vorstehenden Hinweise hätte die Berufsforschung bzw. die Berufsgeneseforschung eine sehr gute Möglichkeit zu einer tragfähigen Entwicklung. Die dargestellten Vorschläge könnten dazu genutzt werden fundierte Methoden zur Erfassung der Berufsgenese zu entwickeln und diese in eine allgemeine Theorie von Beruf und Berufsgenese zu integrieren. Da diese allgemeine Theorie zurzeit nicht vorliegt, kann jedoch nicht endgültig geklärt werden, wie sich die Berufsgeneseforschung weiter entwickeln wird.

Diese Ausgangsposition wirkt sich aber keinesfalls negativ auf die Berufsgeneseforschung aus. Vielmehr bietet sie die Möglichkeit eine zielorientierte und kompetente Berufsgeneseforschung aufzubauen. [...] „Es wäre sehr sinnvoll, auf dieser Basis vor allem Theorien und Methoden aufzubauen und empirisch zu unterfüttern. Die besondere Bedeutung der Berufsforschung und der Berufsgeneseforschung für die Orientierung in der Berufs- und Ausbildungswahl rechtfertigen auch einen hohen intellektuellen und materiellen Einsatz."(Dostal 2006, S. 285) Helfen können dabei vor allem detaillierte Analysen und Betrachtung der bisher neu entstandenen Berufe.

8.0 Literaturverzeichnis

- **ASCHHOFF, B. / DOHERR, T. / LICHT, G. / LÖHLEIN, H. / NIGGEMANN, H. / PE-TERS, B. / RAMMER, C. / SCHMIDT, T.** (2005): Zentrum für Europäische Wirtschaftsordnung (ZEW): Innovationsverhalten der deutschen Wirtschaft : Indikatorenbericht zur Innovationserhebung 2005. Mannheim

- **BAETHGE, M.** (2004): Entwicklungstendenzen der Beruflichkeit - neue Befunde aus der industriesoziologischen Forschung. In: Zeitschrift für Berufs- und Wirtschaftspädagogik, 100. Band/Heft 3. S.339. Marburg/Lahn

- **BAETHGE, M. / BAETHGE–KINSKY, V.** (1998): Jenseits von Beruf und Beruflichkeit? – Neu Formen von Arbeitsorganisation und Beschäftigung und ihrer Bedeutung für eine zentrale Kategorie gesellschaftlicher Integration. In: Mitteilungen aus der Arbeitsmarkt- und Berufsforschung, 31. Bd., Nr. 3. S. 461-472.

- **BECK, U. / BRATER, M. / DAHEIM, H.** (1980): Soziologie der Arbeit und der Berufe. Grundlagen, Problemfelder, Forschungsergebnisse. Berlin

- **BECKER, C.** (1992): Die sozio-ökonomischen Folgen des Computereinsatzes. Konsequenzen aus dem Ende des Technikdeterminismus. Frankfurt, New York

- **BERGER, T.** (2008): Erziehung und Werte im Wandel der Zeit. Eine Betrachtung des Sozialisationsprozesses im 20. Jahrhundert und der Zusammenhang von Werten und Erziehung. München

- **BIBB** (2000): Mechatroniker/Mechatronikerin. Ein neuer staatlich anerkannter Ausbildungsberuf. Bielefeld

- **BIBB** (2003): Das neue mittelfristige Forschungsprogramm des Bundesinstituts für Berufsbildung. Heft 66. Bonn

- **BIBB** (2006): Ausbildungsverordnungen und wie sie entstehen. Bonn

- **BMBF** (1999): Berufsbildungsbericht 1999. Bonn

- **BMBF** (2001): Mechatroniker/Mechatronikerin. Umsetzungshilfen für die Abschlussprüfung. Gestaltungshilfen für die Zwischenprüfung. Bischberg

- **BMBF** (2009): Berufsbildungsbericht 2009. Bonn

- **BORCH, H. / FRACKMANN, M. / WEIßMANN, H.** (2001): Mechatroniker / Mechatronikerin. Best practice – Gestaltung der Ausbildung, Umsetzungsbeispiele. In: BIBB. Schriftenreihe des Bundesinstituts für Berufsbildung. Bielefeld

- **DOSTAL, W.** (2006): Beiträge zur Arbeitsmarkt- und Berufsforschung. BeitrAB 302. Berufsgenese. Ein Forschungsfeld der Berufsforschung, erläutert am Beispiel der Computerberufe. Nürnberg

- **DOSTAL, W. / STOOß, F.** (1998): Beruf - Auflösungstendenzen und erneute Konsolidierung. In: Mitteilungen aus der Arbeitsmarkt- u. Berufsforschung, Stuttgart

- **FENGER, H.** (1968): Mitteilungen aus der Arbeitsmarkt- und Berufsforschung. Nürnberg

- **FRIETSCH, R. / GEHRKE, B.** (2007): Bildungsstrukturen der Bevölkerung und Qualifikationsstrukturen der Erwerbstätigen in Deutschland und Europa. Studien zum deutschen Innovationssystem, Nr. 7 -2007. S.82. Bundesministerium für Bildung und Forschung (BMBF)

- **HALL, A.** (2007): Tätigkeiten und berufliche Anforderungen in wissensintensiven Berufen. Empirische Befunde auf Basis der BIBB/BAuA - Erwerbstätigenbefragung 2006. Bonn

- **HAMBURGER, F.** (2005): Forschung und Praxis. In: SCHWEPPE C. / THOLE W.: Sozialpädagogik als forschende Disziplin. Weinheim/München

- **HÄUSERMANN, H. / SIEBEL, W.** (1995): Dienstleistungsgesellschaften; Frankfurt; Suhrkamp

- **HENNINGES, H. / STOOß, F. / TROLL, L.** (1976): Berufsforschung im IAB - Versuch einer Standortbestimmung. Mitteilungen aus der Arbeitsmarkt- und Berufsforschung 1/1976. Nürnberg

- **HERDT, U.** (2001): Das Lernfeldkonzept an der Berufsschule. Pädagogische Revolution oder bildungspolitische und didaktische Reformoption? Berlin

- **HOWE, F.** (2004): Elektroberufe im Wandel. Ein Berufsfeld zwischen Tradition und Innovation. Hamburg

- **HOWE, F. / SPÖTTL, G.** (2008): Berufswissenschaftliche Forschung. Berufliche Bildung in Forschung, Schule und Arbeitswelt. Frankfurt am Main.

- **IAW** (2007): Monitoring-Bericht 2006/3. Elektrotechnik-Handwerk, Ausbildungspotenzialanalyse. Bremen

- **KADRITZKE, U.** (1993): Ein neuer Expertentyp? Technische Dienstleistungsarbeit zwischen Marktorientierung Professionsbezug. In: Prokla 91, Jg. 23, Nr.2. S.311 Duisburg

- **KAISER, F.-J. / PÄTZOLD, G**. (2006): Wörterbuch der Berufs- und Wirtschaftspädagogik, Regensburg

- **KLEEMANN, F.** (2005): Die Wirklichkeit der Teleheimarbeit. Eine arbeitssoziologische Untersuchung. Berlin

- **LAHNER, M. / ULRICH, E.** (1969): Analyse von Entwicklungsphasen technischer Neuerungen. Mitteilungen aus dem Institut für Arbeitsmarkt- und Berufsforschung. Nürnberg

- **LAHNER, M. / ULRICH, E.** (1970): Zur Prognose neuer Berufe. Mitteilungen aus der Arbeitsmarkt- und Berufsforschung. Nürnberg

- **LAUR-ERNST, U.** (2006): Berufsbildungsforschung als Innovationsprozess. In: RAUNER, F.: Handbuch der Berufsbildungsforschung. Bielefeld

- **RAUNER, F.** (2006): Handbuch der Berufsbildungsforschung. Bielefeld

- **REGBER, H.** (1999): Berufsbildung in Theorie und Praxis. Der Mechatroniker als Prozessgestalter. In: Der Ausbilder: Zeitschrift für betriebliche Berufsausbilder. S.9f. Stuttgart

- **SCHUSTER, L.** (1969): Die Mobilität der Arbeitnehmer. Eine vergleichende Analyse von vier Erhebungen. BeitrAB 1, 2. S. 11. Nürnberg

- **SEVERING, E.** (2005): Wozu Modellversuche? Zum Verhältnis von Modellversuchsforschung und Berufsbildungspolitik. In: 30 Jahre Modellversuchsforschung. S. 5. Bielefeld 2005

- **SLOANE, P. F. / TWARDY, M.** (1990): Zur Gestaltung der Berufsbildungswirklichkeit durch Modellversuchsforschung. In: 20 Jahre Bundesinstitut für Berufsbildung Berlin. Bonn: BIBB 1990

- **TEICHGRÄBER, M. / RITTER, J.** (2005): Handlungskompetenzen in der Erstausbildung. Die Berufsausbildung zum Mechatroniker. München

- **WEIßMANN, H.** (1997): Der Hybridberuf für die Maschinen- und Anlagenbauer und Betreiber. In WuB, 1997, H. 11. S. 428. Nürnberg

9.0   Abkürzungsverzeichnis

BAuA	Bundesanstalt für Arbeitsschutz und Arbeitsmedizin
BIBB	Bundesinstitut für Berufsbildung
BMBF	Bundesministerium für Bildung und Forschung
BMWi	Bundesministerium für Wirtschaft und Technologie
IAB	Institut für Arbeitsmarkt- und Berufsforschung
IAW	Institut Arbeit und Wirtschaft
KMK	Kultusministerkonferenz
KoA	Bund-Länder-Koordinierungsausschuss Ausbildungsordnungen/ Rahmenlehrpläne
VDMA	Verband Deutscher Maschinen- und Anlagenbau

10 Abbildungsverzeichnis